应用型大学英语教学现状与改革策略分析

李 玮 著

北京工业大学出版社

图书在版编目（CIP）数据

应用型大学英语教学现状与改革策略分析 / 李玮著
. — 北京 ：北京工业大学出版社，2020.7（2022.1 重印）
ISBN 978-7-5639-7567-9

Ⅰ. ①应… Ⅱ. ①李… Ⅲ. ①英语—教学研究—高等
学校 Ⅳ. ① H319.3

中国版本图书馆 CIP 数据核字（2020）第 136384 号

应用型大学英语教学现状与改革策略分析

YINGYONGXING DAXUE YINGYU JIAOXUE XIANZHUANG YU GAIGE CELÜE FENXI

著　　者：李　玮
责任编辑：李倩倩
封面设计：点墨轩阁
出版发行：北京工业大学出版社
（北京市朝阳区平乐园 100 号　邮编：100124）
010-67391722（传真）　bgdcbs@sina.com
经销单位：全国各地新华书店
承印单位：三河市明华印务有限公司
开　　本：710 毫米 ×1000 毫米　1/16
印　　张：11
字　　数：220 千字
版　　次：2020 年 7 月第 1 版
印　　次：2022 年 1 月第 2 次印刷
标准书号：ISBN 978-7-5639-7567-9
定　　价：58.00 元

前　言

应用型大学，一般来说，是相对于研究型大学和教学研究型大学等而言的，是在高等教育大众化推动下产生的一种新型的本科教育。其培养的应用型人才，是具有扎实的本科理论基础，较宽的专业口径，较强的实践能力，能够解决一线生产实际中的具体技术问题的技术型人才。大学英语作为一门主干课程，其培养目标也应定位为具有实用性英语能力的应用型人才。

目前的大学英语教材大多强调统一性，忽视多样性和适用性，往往没有充分结合应用型院校学生的实际情况来编写，难易不一，在一定程度上给学生的学习造成了障碍。教材的不适用，也限制了教师在课堂上的发挥，新的教学方法和教学手段难以真正地得到应用，使教与学的效果都受到了影响。

大多数英语教师毕业后直接到应用型院校任教，缺乏在企业工作的实践经验，其外语知识结构和技能与行业实际工作脱节，对相关行业的生产工作实际了解不多，在教学中可发挥的空间受到限制。有的学校也没有制定教师定期到企业实践的规划，影响了教师知识结构和技能的及时更新，导致英语课程教学在很大程度上与专业人才培养目标脱节。

当前有些应用型本科院校的大学英语教学评估体系非常不完善，并不能准确反映复杂的教学情况，偏重对教学成果的考核，缺乏对教学过程的系统化监控、评估和反馈。受教学目标的影响，一些教学管理部门往往简单地按大学英语四六级考试通过率给各校排名次，给任课教师做评价，教师自然也就在课堂上通过应试手段来向学生灌输知识，至于学生的英语水平是否适应实际工作的需要，怎样进行相应的教学改革，则很少有人过问。

本书主要论述了英语教学概述、应用型大学英语教学中存在的问题、信息技术环境下的应用型大学英语教学、现代信息技术与应用型大学英语教学课程及课堂改革、应用型大学英语教学方法的改革研究、应用型大学英语教学学生能力培养。

本书在撰写过程中，得到了许多专家和同人的指导及帮助，笔者在此表示诚挚的谢意。由于笔者水平有限，加之时间仓促，书中难免有疏漏之处，敬请各位专家和读者批评指正。

目 录

第一章　英语教学概述

第一节　英语教学的内涵

一、英语教学的定义

英语教学是一种教育活动。对教师而言，教学是引导学生学习的教育活动；而对学生来说，教学则是在教师引导下的学习活动。学生是否得到发展是教学能否实现其目标的关键。教学是一个师生互动的过程，是教师教的过程，也是学生学习并在学习过程中得到全面发展的过程。

英语教学的含义，具体来说，有以下几方面内容：英语教学是有目的的活动，在不同学段、学年、学期，不同的教材、单元、课文、活动有着不同的教学目的与教学目标，而教学目标又可分为不同的领域或层次；英语教学具有一定的系统性和计划性，这种系统的计划主要是由教育行政机构、学校和教师制定的；英语教学需要具体的内容，即英语词汇、语法、语音、写作、阅读等具体知识和技能的传递；此外，教学还需要采用一定的教学方法和教育技术，教学有着深厚的历史积淀，形成了大量有效的方法，现代科学技术，尤其是信息技术的发展，为教学提供了可以借助的多种多样的教育技术。

从以上的论述中，我们可以将教学概括为在有计划的系统性的过程中，依据一定的内容，按照一定的目的，借助一定的方法和技术，教师引导学生认识世界、学习和掌握知识与技能，同时得到全面发展的活动。

二、英语教学法的定义

英语教学法是一门研究语言教学规律的科学。随着语言学、教育学、心理学和其他学科的发展，从 19 世纪开始，各种教学法便应运而生。

在《现代汉语词典》中，“方法”的定义是“关于解决思想、说话、行动等问题的门路、程序等”。而在英语教学中，方法大致可以分为三个层面，即微观层、中观层和宏观层。

微观层是指具体的教学技能技巧。在这个层面上，“方法”一词不是英语教学的专用术语，而是日常用语，意为“解决某一具体问题的某一具体做法”，我们称其为“技能”或“技巧”，如语音教学中的跟读法、词汇教学中的默写法、语法教学中的演绎法和归纳法等。

中观层是指英语教学中的某些规律性的、固定的“套路”，是一种较为复杂的、分为若干步骤的、系统的技巧和做法。

宏观层是指有关英语教学的系统的理论、观点、主张和操作程序。这些理论、观点、主张和操作程序相互支持、配合，整合在一起，形成一个相对独立、完整的思想体系，在众多思想体系中自成一派。因此，宏观层的英语教学方法又称为英语教学流派，如交际法、直接法等。

概括地讲，英语教学方法是有关英语教学的思想体系。该体系有两个层面，即理论基础和操作程序。理论基础是英语教学的基本理论、观点及原则等问题。操作程序是指有关教学活动的具体内容的决策、技术、技巧等问题。前者是科学分析，后者是科学应用。两者融合在一起，就是对英语教学最好的解释。

三、英语教学与教学法的关系

我们知道，英语教学法是研究英语教学规律的科学。而英语教学法的研究对象就是英语教学，具体来说，就是人们是怎样学习英语的，人们又应该如何去教英语。英语教学法研究的是英语教与学的问题，因此，它常涉及的内容包括语言是什么，学习英语是一个怎样的过程，学习英语有什么样的规律，教授英语应遵循怎样的原则，教学过程是怎样的、有哪些特点，教授英语可使用什么样的方法和技巧，英语教学与语言环境有何关系，教与学存在着什么样的关系，等等。英语教学法来自英语教学实践，它和英语教学实践关系密切。

在英语教学实践里，人们积累了教学经验，也取得了对英语教学工作的认识。在教学经验里有成功的经验，也有失败的经验。这些经验从正反两个方面加深了人们对英语教学工作的理解，并帮助人们发现和认识存在于英语教学中的一些规律。英语教学法是从英语教学实践里发展起来的。

从英语教学实践里发展起来的英语教学法，还要回到英语教学实践中去，一方面起指导教学实践的作用，使教学实践遵循一定的理论顺利进行；另一方面要接受教学实践的验证，并在教学实践里获得进一步的发展和提高。因此我们可以说，英语教学法的生命力存在于英语教学实践之中。

英语教学法的发展过程也是理论和实践辩证统一的过程。首先，人们要在错综纷繁的教学实践中，通过去伪存真的方式对好的方式或方法进行整理，提炼出带有普遍意义的教学规律。其次，要用带有普遍意义的教学规律，对具体的教学情况进行具体的分析，进一步指导错综纷繁的教学实践，进一步的实践产生进一步的理论，理论再应用于实践。这整个过程都依赖于教师的主观努力，即使教学规律是客观存在的，是不以人们的意志为转移的，但要发现和认识它，并准确地把它表述出来，使之成为教学理论，也并非易事，所以认真钻研和思考是十分必要的。同样，要想准确而恰当地应用具有普遍意义的教学规律去指导错综纷繁的教学实践，使教学规律发挥作用，产生效果，也并非易事，也需要认真分析教学过程中的实际情况，掌握教学规律的实质，然后才能使之奏效。英语教学法要发展，英语教学的质量要提高，就必须要在这个发展过程中的每一个阶段下功夫。

随着时间的推移，人们的教学经验在增加，时代的科学文化水平在提高，今天英语教学法已成为一门朝气蓬勃的新兴科学。这不仅由于它有自己整套的学科内容和体系，更重要的还在于它在推动英语教学方面所起的积极作用。英语教学法受到人们的普遍重视，越来越多的人将会投身到英语教学法的研究中来。

第二节　英语教学的基本原则

一、兴趣原则

兴趣是推动英语学习者不断前进的最强有力的动力。对于学习者来说，英语学习的兴趣在很大程度上决定着英语学习的成功与否。事实上，很多学生一开始对英语学习并不是排斥的，这是他们对英语学习的天然兴趣，以及对新鲜事物和对异国语言与文化的好奇所致。然而，在实际的英语教学中，由于教师教学方法的不当、考试体系的不科学等，学生的学习兴趣并未得到很好的维持，而教师也未能对学生学习英语的兴趣给予进一步的激发与培养。因此，教师要从自身出发，努力激发和培养学生学习英语的兴趣，具体来说，可在以下几个方面做出努力。

（一）了解学生真正感兴趣的问题

教师只有了解了学生真正感兴趣的问题，才能够因需施教，真正激发学生的学习动机。而要想激发学生学习英语的兴趣，教师可以采取注意发现和收集学生感兴趣的问题的做法，并把这些问题作为设计课堂教学活动的素材。例如，在讲授英文字母时，可以编排英语字母体操来调动学生的兴趣；在教数字时，可以请学生收集自己家里所有的数字，这一活动与学生生活密切相关，学生会比较感兴趣，这样就能很好地调动学生学习英语的兴趣。

（二）了解和鼓励学生的进步

善于发现学生的进步，多鼓励表扬，是培养学生兴趣的一个有效方法，通过这种方式可以培养学生的自信心和成就感。对于学生来说，学习的效果可以在很大程度上维持他们的学习兴趣，在英语教学中，教师可以通过灵活采用奖品激励、荣誉激励、任务激励、情感激励等多种方式，对学生所取得的进步给予鼓励。同样，兴趣也是在这种激励中被逐步培养起来的。

（三）深挖教材

教材在英语教学中起占有举足轻重的地位，教师要想最大限度地调动学生的积极性，可以在准备教学时认真研究教材，挖掘教材中的兴趣点，以减少教材的枯燥，保持每节课的新鲜感，保证教学的内容和活动能让学生感兴趣。

（四）改变传统的英语教学与评价方式

传统的英语教学存在过于强调死记硬背、机械操练的倾向。一定的死记硬背和机械操练的活动在英语学习中虽然不可缺少，只是一定要注意此类活动不宜太多，尤其是在小学英语教学中。过多的机械性操练很容易导致教学的死板与乏味，容易使学生失去或降低对英语的学习兴趣。因此，在英语教学中应努力创设知识内容、技能实践和学习策略需要的情境，以开发学习者学习英语的思维，帮助他们加速英语知识的内化过程，使他们能够在英语交际实践中灵活运用听、说、读、写的知识与技能，最终使英语知识变为自己进行交际的工具。通过此种教学方式，学生不仅能够获得交际能力的提高，同时，综合素质也会得到相应的提高，学生的学习兴趣也会因良好的学习效果而得到巩固与加强。

此外，应试教育中传统的英语评价方式对学生学习兴趣有着消极的扼杀作用。要想避免这种消极影响，应逐渐改变评价方式。基础英语课程的评价应以形成性评价为主，采用的操作方式也应该是学生在平时教学活动中常见的，重视学生的态度、参与的积极性、努力的程度、交流的能力及合作的精神等。除形成性评价外，针对学习者不同阶段的考试，可以采用笔试与口试相结合的方式。这两种方式所考查的知识点不同，笔试主要考查学生听和读的技能以及初步的写作能力，口试主要考查学生实际的语言应用能力。

二、以学生为中心原则

以学生为中心是英语教学的首要原则，因为学生始终是教学和学习过程中的主体。教师作为过来人，熟悉教学内容，了解学习的有效方法和途径，在教学的过程中，必须以学生为中心，发挥自己的指导作用，为学生创造学习条件，随时给学生提供帮助，调动学生的学习积极性。总之，教师的一切教学工作都是围绕学生的需要而进行的。

教师的主导作用在于帮助学生加速学习进程。在学生遇到困难的时候，教师要及时给予帮助，使学生的困难得以及时解决；当学生面对困难不知所措时，教师要及时引导，使学生找到解决的办法；看到学生愿意接受学习任务且跃跃欲试时，教师应该给予学生更多锻炼的机会；看到学生的学习情绪不高时，教师要及时予以鼓励，提高学生的学习热情；学生在学习上取得成绩时，教师要及时提出更高的要求，使学生始终保有目标，继续努力。

要求教师以学生为中心就是要求教师的心里要时刻装着学生，应把教建立在学生的学上，教学的一切工作都要围绕学生的学习进行。在备课时、在教课时、在课后批改学生作业时，教师都要考虑学生的心理和需要，注意学生的表情和反应，分析学生掌握的情况，安排和调整自己的教学方法和步骤以适应学生的需要。只有以学生为中心，才能让学生明确学习意义、学习内容和学习目标，才能使学生看到奋斗的目标，使学生看到已经取得的成就，使学生在学习里既有奔头，又有学习的信心，这样才能在学习的道路上勇往直前。

三、循序渐进原则

在英语教学中，最先应遵循的原则便是循序渐进原则。贯彻循序渐进原则时应注意以下几点。

（一）从听说技能的培养过渡到读写技能的培养

通过英语课堂中的听说教学，学生可以学到正确的语音，掌握基本的词汇和基本的句子结构，进而为读写能力的培养奠定基础。而且，英语教学从听开始，也符合中国英语教学的实际情况。英语作为一门外语课程，对于绝大多数中国学生来说，都缺少英语的语言环境。而“听”便成了他们获取英语知识和纯正的语音语调的唯一途径。也只有具备了一定的听力能力，才能听清和听懂别人说的英语，才能使学生充满信心地用英语与别人进行交谈，也才能确保英语教学顺利、有效地进行。因此，在整个英语教学过程中，尤其是初级教学阶段，教师在每节课中都要尽量为学生创造一个良好的语言环境，培养学生听的能力，并在此基础上，结合相应的听力内容，循序渐进地培养学生的口语表达能力。听、说、读、写是英语的四项基本技能，是需要全面发展的，但在英语初级阶段的学习中，特别是起始阶段，教学应先从听、说入手，然后进一步培养学生的读、写能力。

（二）语言知识学习从口语过渡到书面语

英语包括口语和书面语两种形式，其中位于第一性的是口语，位于第二性的是书面语。首先，从语言发展的历史来看，口语先于书面语。人类在几十万年前从学会劳动的时候起就开始说话，但文字的出现要比口语晚得多。这就决定了英语学习要从口语开始，然后逐渐向书面语过渡。其次，口语里出现的词汇比较常用，而且大都是日常生活用语，句子结构也相对简单，与书面语相比更容易学习，通过口语的学习，学生可以很快地获得与日常生活相关的交际能力。

（三）语言知识与技能、使用语言的能力不断循环与深化

在英语教学中，要使学生掌握一个语言项目是不可能一次完成的，它需要进行多次的循环，而且这种循环每一次都是对前一次的深化。例如，关于名词的单复数问题，在开始阶段只是要求学生知道在英语中名词有单复数形式，然后随着学习的逐渐深入，使学生了解规则名词复数变化的规律，最后再掌握不规则名词的复数形式。在具体的课堂教学中，教师还应该注意在学生已有的语言知识和已经熟悉的语言技能的基础上，讲授新的知识，培养新的技能，在遵循授新知识的同时还必须复习前面的内容。

四、交际性原则

英语学习的最终目的是交际，因此英语教学也始终应坚持交际性的原则。英语教学的首要目标就是培养学生的交际能力。具体来说，就是培养学生能够运用所学的语言知识在不同的场合、对不同的对象进行有效得体的交际。要遵循到交际性的教学原则，教师在英语教学中应努力做到以下几点。

（一）正确认识英语教学的性质

要想落实交际性目标的要求，首先需要认清英语教学的性质。英语教学是一种技能培养型的课程，在教学中，教、学、用三个方面构成一个有机的统一体，这三者之间是一种相辅相成的关系，其中“用”在这三个方面中处于核心地位。与学习游泳、学习踢足球类似，用英语进行交际的能力是在使用的过程中培养出来的，只有理论没有应用，很难达到预期的目标。因此在教学中应加强英语使用的力度。

（二）将英语作为一种交际工具来教

英语是一种交际工具，英语教学的目的是培养学生使用这种交际工具的能力。使用交际工具的能力是在使用当中培养的。英语教学中的交际原则要求教师要将英语作为一种交际工具来教，也要求学生把英语作为交际工具来学，还要求教师和学生课上、课下都将其作为交际工具来用。

教学活动要和以英语进行交际紧密地联系起来，力争做到英语课堂教学的交际化。在英语教学中，教师或学生不是单纯地教或学英语知识，而是通过操练，培养或形成用英语进行交际的能力。教师要尽量利用教具为学生创造适当的情景，协助学生进行用英语来交际的真实的或逼真的演习。这样使学生不仅能学得有兴趣、有成效，而且能真正体会英语的用场，学了就会用。从教的第一天起就应该这样做，还要一直做到底。

（三）在教学中创设交际情境

在传统的英语教学中，很多教师只偏重语法结构的正确性，学生通过这种教学并不能具备良好的英语交际能力。要想让学生具备使用英语进行交际的能力，也就是说能够在适当的地点、适当的时间，以适当的方式向适当的人讲适当的话，就应在英语教学中创设情境，开展多种形式的交际活动，以此来提高学生英语语言应用的能力。我们知道，利用语言进行的交际总是发生在特定的情境之中。情境包括时间、地点、参与者、交际方式、谈论的题目等要素。在某一特定的情境中，某些因素，如讲话者所处的时间、地点以及本人的身份等都制约他说话的内容、语气等。而且，在不同的情境中，同样的一句话也可以表达不同的意义。因此，在英语教学中，要把教学的内容置于一种有意义的情境之中，这样才有可能让学生充分理解每一句话所表达的意思。另外，在一定情境中进行的英语教学还可以使学生身临其境，提高学习英语的兴趣。因此，英语教学活动要充分结合教材的内容，利用各种教具来开展各种情境的交际活动，这样对学习和教学都会产生有利的影响，收到不错的教学效果。另外也可以设计任务型活动，让学生通过完成特定的任务来获得和积累相应的学习知识与经验。需要注意的是，这些活动需要具有交际的性质，这样才利于交际目标的完成。

（四）结合学生的生活来选择教学内容与活动

在进行英语教学时，现实生活这个因素也是需要考虑的，因为语言总是与现实生活密切联系的。因此，在英语教学中，教师应把语言和学生所关心的话题结合起来，给学生提供足够的、内容丰富的、题材广泛的、贴近学生生活的信息材料，这样的材料因为具有一定的现实性，因此容易使学生产生共鸣，从而调动学生的兴趣，也能促使他们认识到学习英语的目的在于交际，而不是应付考试。另外，由于英语教学内容具有真实性，因此要求教材的语言和教师的语言也都是真实的。具体说来，就是教材的语言和教师的语言不是为了方便教学而人为编写出来的，而应该是母语为英语的人在交际过程中所使用的语言。可在我国目前的英语教学中，这种真实性的材料却不多见，还需要有关人员做出一定努力。

五、灵活性原则

坚持灵活性的原则，一方面可以提高且保证学生在教学中的兴趣，另一方面是由语言本身的性质决定的。因为英语语言是人们生活的一个必要组成部分，其本身就是一个充满活力、不断发展的开放性系统。因此，只有在教学方法、语言学习和语言使用方面做到灵活多样，才能使英语教学富有情趣。灵活性原则要求教师在教学过程中做到以下两点。

（一）英语教学中使用的语言应具有灵活性

英语教学中不应只是让学生认真听讲和做好笔记，因为英语学习的关键在于使用，那么应让学生参与到教学中，运用英语来实现目标、体验成功。作为教师来说，要想带动学生使用英语，可以通过自身灵活地使用英语来实现，为学生树立模仿学习的榜样，同时培养运用英语的氛围。例如，教师可以适当地用英语组织教学，用英语讲解、提问与布置作业等，这样有利于使学生感到他们所学的英语是活的语言。教师还可以布置灵活性的作业，让学生在课下也灵活地使用英语。作业的布置并不是随意性的，应侧重实践能力，如可以让学生用磁带录制口头作业，让学生轮流进行值日报告，陈述、评议时事和新闻等。

（二）英语教学中采用的教学方法应具有灵活性

在英语教学中，教师应采用灵活的教学方法，其原因包括以下三个方面。

（1）在英语教学史上出现过许多种不同的教学方法和流派，如语法翻译教学法、交际教学法、视听教学法等，但每种方法对于教学并不具有普遍性，它们都有其自身的优势与不足。因此，教师应该兼收并蓄、集各家所长，不能拘泥于某一种所谓流行的教学方法。

（2）英语教学内容具有多样性。如以英语的内容为标准，可以把英语教学划分为两种：一种是语言知识的教学，包括语音、语法、词汇等内容，而且不同的语音、不同的语法项目、不同的词汇所具有的特点也是不同的；另一种是语言技能的教学，主要包括听、说、读、写四个方面。

（3）从学习者自身来看，由于他们在个体方面存在着很大的差异，因此，在英语教学中要综合学生、教学内容以及教师自身的特点，创造性地开展多种多样的教学活动，灵活运用教学方法和教学内容，保持英语课堂的新鲜度与趣味性，从而使学生学习英语的热情得到激发，学习的兴趣得到培养，逐渐帮助学生探索与掌握英语语言学习的规律。

六、真实性原则

真实性原则也是英语教学中的重要原则。贯彻真实性原则有助于我们更好地理解英语教学的实质，从而全面提高学生的综合语言应用能力。实现真实必须做到以下几个方面。

（一）采用语用真实的教学内容

教学内容不仅包括课文，还包括例句、课内外训练材料和练习等所有供学生学习的材料。英语教师在开始教学前应从语用的角度认真分析课文，不仅要分析课文语句的结构意义，更要着重把握语句的语用意义，了解语句使用的真实语境，研究语句中包含的情感、态度、语气、意图等，准确把握课文中所有语句的真实语用内涵，同时编写或者从已有的教学用书中选择语用真实的教学例句和课内外练习。这样就可以在教学前指向语用教学，而且明确指向以培养英语运用能力为目的的语用教学，从而保证学生能够获得语用真实的英语运用能力。

（二）把握真实语言运用的目的

英语教学的最终目的是培养学生的综合语言运用能力，这种能力是一种语用能力。这里的语用目的不是语用学概念，而是指教学内容体现在语用能力方面的教学目的，主要表现在如下三个方面：语句的语用功能目的、对话语篇的语用功能目的以及短文语篇的语用功能目的。其语用功能目的又可分为功能性语用目的和学习性语用目的。

（三）设计组织语用真实的课堂教学活动

课堂教学是通过一系列的课堂教学活动来完成的。尤其是在中小学英语课堂教学活动中，呈现、讲解、例释、训练、巩固等课堂教学活动都要与语用能力的培养密切相关。对学生语用能力的培养要贯穿于英语教学的全过程，融于语言学习各环节的学习和训练之中。在这些教学活动中，英语教师应基于语用真实的指导思想来设计教学活动。呈现、讲解时，不仅要呈现、讲解教学内容的真实语义，还要明确呈现、讲解教学内容的语境和言外之意。例释环节中所有的例句不仅要语义真实，语境和语用意图也要真实。进行训练和巩固时不仅要进行真实语义的训练和巩固，更要关注如何在恰当的语境下表达恰当的语用意图。所有教学活动都要充分考虑语用的真实性。

（四）编排语用真实的教学检测评估方案

对于教学来说，教学检测评估有着很大的反馈作用。通过设计编排语用真实的教学检测评估，可以发现学生的语用能力还存在哪些不足之处，从而调整教学。特别是对学生语用能力培养方面的教学能起到更直接、快捷、有效地培养学生英语运用能力的作用。教学检测评估题既要符合测试的基本原理，更要注重测试的运用能力；不仅要语义真实，更要语用真实，否则就会误导教学，弱化学生运用英语能力的培养。语用真实会引导学生在学习中更自觉地去把握学习内容的真实语用内涵，从而进一步强化学生英语运用能力的自我意识，而这必将促进学生更有效地获得运用英语的能力。

七、背诵与练习相结合原则

事实证明，大量背诵课文与大量做练习相结合是一切条件各不相同的英语教学的普遍有效的方法。因此，有必要把这一点提高到原则意义上来加以认识和贯彻。

背诵范文应该是学生学习语言行之有效的方法。背诵大量好的英语文章或段落会对学生以后的学习产生诸多益处，例如，有利于对语音和语调的正确、熟练掌握，有利于语法和词汇的巩固，有利于语感的发展和口语与书面语能力的提高等。

同时，大量的背诵是通往真实交际的重要途径之一，是作为预备性的语言练习和巩固性的语言练习的重要形式来使用的。大量背诵只有同多种练习紧密结合、及时配合、穿插呼应，才能起到有效作用。同时，也只有这样，背诵才能得到真正的检验，才会达到交际的目的。

可见，背诵与活用基本上是同步的。只有将二者结合，才会使英语学习的效果更加明显。一篇课文的背诵至少要经过三个层次：尝试性的、半熟性的、流利性的。围绕一篇课文的多种练习也是多层次的：改变人称和时间，同义词句代换、提问题，回答问题，扩展课文，压缩课文、复述大意、模仿作文，改变体裁、交流读后感等。在背诵与多种练习互相接应、互相支撑、互相补充的作用下，学生将不会因为大量背诵而苦恼，反而会将二者的结合作为一种学习的乐趣。

八、巩固性原则

巩固性原则要求学生在学习中牢记已经学习过的英语知识和技能。具体来说，就是要求学生的英语基础知识牢固，能够熟练地运用英语进行交流和学习。每上一节课、教一课书，教师就应该让学生明白所讲的内容，就是应该懂的是不是懂了，应该会的是不是会了，应该记住的是不是都记住了。学生不能不懂装懂，教师更不能不管学生能否接受而一味地讲授新知识。贯彻巩固性原则要注意以下几个方面。

（一）注重当堂巩固的重要性

掌握知识和技能的客观规律要求我们在学习新的内容以后立即进行巩固。学生学习英语最大的障碍就是遗忘，这种遗忘往往是从刚开始学习后就立即开始了，而且在学习后的最初阶段遗忘速度最快。刚学的单词如不加以多次强化重复，就会马上忘记。正因如此，我们在教学过程中要特别强调立即巩固。学完一个新知识点就要马上进行巩固，这样就会记得比较牢固。如果一味地学习而没有进行当场巩固，就很容易忘记，无法取得良好的效果。

例如，当教授单词的用法时，某个单词可能表示几种意思，教师要围绕词义举一些例句做示范，举例后可领读例句，然后请学生参照教师的范例造句。一方面检查学生是否已经理解、会用，另一方面就是进行当场巩固。还可以采用教师读例句，请学生译成中文，或教师说中文例句，要求学生译成英语，或利用这个单词进行问答练习的方式。如果是刚刚讲授一课对话，可先由教师和学生进行示范对话，然后按小组进行群众性练习，最后再指定学生上讲台进行对话。这些当堂巩固的方法都能起到良好的效果。

（二）组织经常性的复习

当堂巩固固然重要，但仅依靠当堂的巩固并不能使学生牢固地掌握已获得的知识和技能。

在英语教学过程中还必须有计划地进行经常性的复习，这样才能够帮助学生熟练地掌握英语。组织复习时应注意以下几点。

（1）复习在外语课的每一课时都可以作为一个步骤来进行，起到一个承上启下的作用。

（2）在教学的各个步骤或各种练习中都应该注意新旧材料的联系，这样既是在学习新知识，同时也是在复习旧知识，这也实现了复习。

（3）组织定期的阶段性复习。如果平时不注意复习，只到期末进行总复习，时间就显得比较紧，前面学过的知识也容易被遗忘。因此，在拟订学期教学日历时就要加以注意。每学期可以安排若干次的阶段复习，并且要进行测验以达到监督学生学习和检测学生学习效果的目的。

九、精讲多练原则

精讲多练要求教师在教学过程中，既要重视讲的作用，又应保证练的需要，把讲和练的作用结合起来，发挥师生两方面的积极性。同样，英语课堂上的工作也不外乎讲和练两种，前者是指讲授语言知识，后者是进行语言训练。在课堂上，适当地讲授一些语言知识是必要的，可以提高学习的效果。就如同学习滑冰一样，在上冰之前，教师讲解一些注意事项、滑冰的动作要领，可以有助于提高学生在冰上训练的效果。但是，英语首先是一种技能，技能只有通过实际训练才能获得。所以，教师首先必须清楚，讲解的目的在于帮助学生更好地训练，而不是讲解本身。教师可以采取多种形式的语言训练活动。在语言训练的过程中要针对学生的具体问题给予“画龙点睛”式的点拨。当学生掌握了一定量的语言事实时，则要进行适当的总结与归纳，使学生的认识条理化、系统化，这不仅有利于学生语言交际能力的培养，还有助于学生养成良好的学习与思维习惯。在进行了必要的讲解之后，要给学生留出足够的训练时间。

十、可持续发展原则

坚持可持续发展原则主要包含以下两方面内容。

（一）帮助学生掌握正确的学习策略

学习策略是指学生为了有效地学习和发展而采取的各种行动和步骤。英语学习的策略包括以下四种。

（1）认知策略，即学生为了完成具体学习任务而采取的步骤和方法。

（2）交际策略，即学生为了争取更多的交际机会、维持交际以及提高效果而采取的各种策略。

（3）调控策略，即学生对学习进行计划、实施、反思、评价和调整的策略。

（4）资源策略，即学生合理并有效利用多媒体进行学习和运用英语的策略。

学生的学习成绩受多方面因素的影响，如学生的心理特点、健康状况、学习基础、学习动机、学习策略、教师的水平、学习的环境、社会和集体的影响及家长的影响等。在这些影响因素中，学习策略占据着重要的地位。学生如果在学习的过程中采用了科学、正确的学习策略，便可以有效节省时间，并能避免走弯路，使得学习的效果更佳。因此，在英语教学中，教师应帮助学生形成适合自己的学习策略，培养他们不断调整自己学习策略的能力。在具体的英语课堂实施中，帮助学生有效地使用学习策略有助于他们采用科学的途径来提高英语学习的效率，并有助于他们形成自主学习的能力，为以后的学习奠定坚实的基础。

（二）培养学生积极的情感态度

如前所述，情感态度是英语教学内容的重要组成部分。陈琳、王蔷、程晓棠等对如何在英语教学中培养和发展积极的情感态度提出了以下几条建议。

（1）结合学习内容讨论情感问题。在日常的英语课堂教学中，教师要注意融入积极情感态度的培养，针对学生学习过程中出现的具体问题进行具有针对性的引导，帮助学生解决情感态度方面的问题。

（2）建立情感态度的沟通渠道。情感态度的沟通和交流渠道可以通过教师在课堂教学中建立起来，如建立融洽、民主、团结、相互尊重的课堂氛围等。有些情感态度可以集体讨论，有些问题则需要师生之间进行有针对性的单独探讨。但在沟通和讨论过程中，教师要注意尊重学生的感受，避免伤害学生的自尊心。同时，情感具有外在和内在的表现，教师要仔细观察，了解学生的情感态度，以培养学生积极的情感，消除其消极的情感。

第三节　英语教学的结构

一般来说，完整的英语教学由四个环节构成：组织课堂教学、检查和复习上次课的内容、讲授新材料与布置课外作业。下面对这四个构成环节进行详细的阐述。

一、组织课堂教学

组织课堂教学是构成英语教学的第一个环节。这个环节主要是为了建立良好的课堂秩序，使学生的注意力集中，这样才能使他们排除干扰，安静地、用心地学习，提高其学习效率，也使教学能够顺利进行。在各级学校的课堂教学里，组织课堂教学的工作都显得非常重要，英语教学也不例外。

（一）组织课堂教学的原则与步骤

1. 组织课堂教学的原则

组织课堂教学包括教师角色的选择、指令的给予、活动的组织方式、如何对待精力不集中或无组织纪律性的学生、大班上课的组织方式、对教学步骤的控制方式等。每个教师都必须掌握对这些问题的处理方式。下面介绍几种主要的组织课堂教学的原则。

（1）交代指令适当。在英语教学中，指令是对学生活动的指导。指令并不是可以随便发布的，它须简短、清楚，适当配以演示。而且在交代指令前，教师应保证学生都已将注意力集中到教师的身上，这样才能保证指令发布的有效性。而在另一些状态下，如在混乱状态或当学生正忙着手中之事或私自交谈时，不宜发指令。

在交代活动的指令时要想保证其效果，应做到以下几点：①注意新旧知识的连接；②交代活动的相关信息，包括方式、目的、操作步骤、时间、反馈要求等；③检查学生对指令的理解；④让学生清楚活动如何开始；⑤终止指令要清楚，同时教师要对学生的活动做出适当的评价，评价中需要注意的是要采取有利于学生建立自信、发现问题并且明确改进的方式；⑥最后，要留出时间供学生提问。

（2）选择适当的英语教学活动参与模式。教学活动的载体是课堂内的活动，而参与模式决定着学生参与的程度。常见的参与模式有全班集体活动、同伴活动、小组活动和个人活动四种。采用什么样的模式应视学习内容而定。但是，参与模式应满足学生动手、动口的需求，因为学生是通过参与和做事来学习，而不是通过单纯听讲来学习的。为使更多的学生参与英语教学活动，一般的主要活动模式是同伴活动或小组活动，并在活动中经常变动伙伴，以达到多数参与的目的。

（3）合理控制英语教学活动时间和参与人员。一般在英语教学中开展的活动都会有时间限定，如果学生未能在规定的时间内完成任务，教师视情况可让其继续或停止。如果让他们继续进行活动，则应明确时间界限，但在进行之前应首先了解清楚学生完成的情况，不能按时完成的原因也要了解清楚。

在完成活动的过程中，由于学生语言水平不一，完成同一任务所需时间也会不等。有的学生能提前完成任务，而有的却可能拖延时间。对于提前完成任务的学生，如果教师不给其进行其他活动的安排，他们就会无事可做，有可能影响其他学生，甚至对活动失去兴趣，影响以后的教学效果。在这种情况下，教师可以通过以下安排来控制参与人员的内容进度。①给提前完成任务的学生分配额外的活动任务。例如，提前完成任务的有两个以上小组，可以将这些小组组织在一起，对照检查任务完成的情况，这就是一种额外活动的安排。②将提前完成任务的学生编到未完成任务的小组。

（4）合理安排英语教学座次。座次的安排对教学活动的组织影响很大。固定的座次不利于同伴活动和小组活动的开展，但活动的桌椅如摆放不合适也对活动的组织不利。

2. 组织英语教学的步骤

组织教学这个环节是上课的开始，也贯穿于整个教学过程中。具体来说，就是在上课的过程中，教师应随时注意组织学生专心地积极地参加教学的活动，以保证英语教学的效果。

这个部分一般包括的内容有：

（1）师生相互问好，以便把学生的注意力吸引到教师身上来；

（2）教师登记学生缺席情况，以便日后为他们补习英语课程；

（3）值日生报告；

（4）宣布本节课授课内容和目的，把学生的注意力引到学习上来，并开始讲课。

上面四点中，值日生报告需要注意以下几点。

首先，值日生报告由学生轮流进行，并不固定为某一个学生。当天值日生自由选题讲 2 ～ 3 分钟。教师边听边记录学生错误，学生讲完后，将学生讲错的地方写在黑板上，以供学生改正。其次，学生在准备值日生报告时可以事先将报告内容写成文章。这一做法在某种意义上可以作为作文练习的补充。此外，也可以作为一种个别指导的重要机会，这种机会在平时是很少有的。通过板书来纠正学生的错误，不仅对值日生，对其他学生来说，也有利于他们防止犯类似的错误。最后，要注意值日生报告的时间不要拖得太长，因为它不是上课的主要目的。这一内容总共所花时间（包括纠错在内）最好不要超过 10 分钟。如果时间充裕，也可以由教师补充一些与值日生报告题目有关的内容，让学生听。

（二）组织英语教学需注意的问题

1. 对组织英语教学要有正确的认识

谈到英语教学中的组织教学，很多人对其的认识都存在误区，主要表现在以下两个方面。

（1）认为英语组织教学只是在课堂教学开始时进行，而且也就几分钟，其实整堂课都要随时注意组织教学，才能保证整堂课的顺利进行。

（2）认为英语组织教学就是训斥学生，这种认识显然太过片面，也不准确。

2. 可采用适当的方法组织英语教学

在目前的英语教学中，一些英语教师组织教学的方式就是说教，在实际应用中这并不是最好的方法。其实，只要教师把课组织好，循序渐进地进行教学，让学生感到课堂上有收获和进步，他们就会自觉地把注意力集中在英语的学习上。当然，也有一些具体的方法可以遵循。如在组织教学时，教师不断地向学生提出问题，进行引导；逐步提高要求，适当高于学生水平的要求利于使学生经常处于积极状态；可以根据情况适当改变教学方式，以促使学生集中注意力；根据学生的表现，恰当地予以表扬、鼓励和批评，并以表扬为主，这样利于增强或保持学生对英语学习的信心。只要教师在英语教学中善于引导，学生是会积极配合的，那么组织教学也就不是什么问题了。

二、检查和复习上次课的内容

这个环节在保证教学的连续性方面起着重要作用。通过该环节的进行，教师可以了解到教学效果，对教学的进展情况做到心中有数。这个环节在已学内容和教学新内容之间起着桥梁作用，具体来说，是已学内容的延续，为进行新内容的学习做准备。

（一）检查作业

检查作业常和复习巩固前次所学内容结合进行。在检查作业的同时或检查作业之后可以根据发现的问题补充一些练习。这些练习一方面可以巩固深化已学内容，另一方面也可以弥补薄弱环节。检查作业包括前次上课留的口头和笔头作业。笔头作业一般收齐后教师带走课后批改。口头作业常采用口头形式来检查，因为口头形式比较灵活，方式多样，在课堂中可以包括听、说、读、写多种实践活动。另外，口头作业的检查也可以口头形式为主，辅之以笔头形式。譬如在全班进行口头造句时，可要求 2 ～ 3 个学生到黑板上造句，这样利于发现比较全面的问题。其实，检查作业也可以说是辅导学生的常规方式。通过检查学生的作业，教师可以及时发现学生在学习中存在的问题，然后才能在课堂中有针对性地给予解决。而不同的检查方式所产生的作用也是不同的。

（1）在英语课堂上集中核对学生的作业答案，可以有针对性地对典型错误进行讲评，使学生相互借鉴。

（2）英语教师详细对所有学生的作业进行检查，可以对每个学生的学习情况都有所了解，以便有针对性地解决学生学习中存在的问题。

（3）英语教师安排学生相互检查作业，不仅对提升学生的英语水平有利，还可以培养学生发现问题的能力。

（4）英语教师当面检查学生的作业，可以对存在问题的学生进行个别辅导，便于提升班级整体的英语水平。

在检查作业中，不管是口头作业还是笔头作业，教师与学生之间都在进行着交流。在这个过程中，如果发现学生的问题，教师要实事求是地指出，同时可以帮助学生解决一部分问题，鼓励学生自行解决一部分问题，在解决问题的同时锻炼学生自主学习的能力。需要注意的是，在上交的笔头作业中，教师一般都要写评语，这时不能随便什么话都写，如打击学生的话语就不能写，做得再差的作业也一定可以发现优点。

（二）提问

对于检查和复习时进行的提问，英语教师对学生的回答可以进行评分，以作为平时成绩的记载。提问有两种，即个别提问和全班提问。提问时一般先对全班发问，然后请个别学生回答。在提问时主要有两个方面的问题需要注意。

（1）提问的项目分量要小，形式要短小简单，化整为零，以便使更多的学生参加其中。提问的学生要普遍，最好能够遍布到全班级，不要仅集中在几个学生身上。

（2）在提问时要对成绩较差的学生给予更多的关注。在英语教学中由于各种原因，总会出现一些成绩较差的学生，对于这些学生的英语学习，教师需要对其进行必要的教学辅导，才能更好地配合英语教学。例如，在英语课堂中多给成绩较差的学生回答问题的机会，而刚开始向他们提出的问题一般都要较简单，以利于提高他们的自信心，然后逐渐向他们提较难的问题，提高他们的英语水平，最终使他们赶上其他学生。

三、讲授新材料

讲授新材料是构成英语教学的第三个环节。下面从讲授新课的内容以及方法来对这个环节进行详细的阐释。

向学生讲授新课的目的主要包括两个方面：使学生感知和理解新材料；使学生初步运用新材料。

（一）使学生感知和理解新材料

在英语教学里，一定要使学生对所教内容能够理解、明白。比如，对于所教的英语单词，要使学生知道它的读音和拼写，也要明白单词的意思和用法，这样的词汇积累才是有效的；对于所教的英语句子，要使学生接触和把握句子的读音、声调或书写形式，并明白它的意思；对于所教的英语语法，要使学生了解有关的语法规则及其用法。在讲解时，需要采取一定的方式来进行，可借助实物、模型、图画、手势、动作、表演、情境等，这样直观的表达，利于使学生把英语句子和单词与它们所表示的事物和概念直接挂钩，便于加深学生对其的理解；可以用英语释义，必要时也可以用汉语释义，使学生最终理解所学内容；还可以用示范或举例的方法来说明，如示范发音和朗读以让学生进行模仿，列举例句以在运用中说明单词或某项语法的意义和用法等。掌握英语通常是一个理解、记忆、运用的过程，学习新的英语知识是这个过程的开始，也是完成整个过程的基础。教师讲解必须简单扼要，有重点，暂时没有用处的或学生当时不能接受的，一概不讲，这样做的目的是让学生能够先对容易的知识有初步的理解，为下一步深入的讲解做准备。能用图表和实物等直观手段的，教科书上有说明的，就不讲或少讲，以提高英语教学效率。在讲解时，通常用谈话方式，常提出启发性的问题，引导学生积极思维，这样利于学生自主学习能力的提高。在讲解时应通过有效的方法使学生在理解的同时能记住一部分或大部分内容。

（二）使学生初步运用新材料

在学生对新材料能够理解以后，还要使学生做到初步运用新材料，这样可以检查和加深学生对新材料的理解。初步运用和其他的练习比起来，是最简单的，其主要内容包括朗读、简易的替换练习、复述语法规则、回讲句子或语法的意义和举例说明单词的用法和语法规则。

对讲授新的英语材料这个环节包括的两个目的及其关系一定要正确地看待。理解是一个由浅入深、由不完善到完善的发展过程，在该过程中，理解有助于模仿、操练与应用，而反过来，模仿、操练与应用又能加深理解。知其然与知其所以然都是理解。对模仿来说，知其然是完全必要的。而对于初学英语的人，特别是年龄较小的学生，由于所学的英语知识有限，知其所以然的目标对于他们来说有时就很难做到。但经过一个阶段的模仿、操练和应用后，随着学生学习英语材料的增多，在适当的时候，在英语教师的引导下，很多学生都能够从掌握的感性材料里得出理性的认识，做到知其所以然，有助于学习效果和质量的进一步提高。因此，对于理解、模仿、操练、应用之间的关系应当辩证地看待，并根据实际需要恰当地处理它们的关系，以帮助学生理解与初步运用所学的新材料。

四、布置课外作业

布置课外作业是构成英语教学的第四个环节。教师在英语课堂快结束前要根据教学的目的和课堂教学进行的情况，向学生布置课外作业，以巩固和发展课堂教学的成果。课外作业的布置可以帮助和指导学生课下学习的内容和方法，这能给学生带来很多积极作用，比如，有利于充分发挥学生课后学习时间的效用，培养良好的学习习惯等。尤其是低年级学生，他们自制力和学习经验比较缺乏，布置课外作业对他们显得更加重要。但英语教师在布置课外作业时也不可盲目或随意，否则很容易给学生带来学习上的负担。比如，课堂上学生在某个方面表现得弱些，可以有目的地适当布置一些相应的练习，以弥补弱点；课堂上如果口语练习做得比较多，笔头练习相对地做得少，那么可以多布置一些笔头的家庭作业，以充分而有效地利用课堂教学时间，弥补笔头练习的欠缺。

这个构成环节使英语教学延续到课外，可以起到巩固和提高教学成果的作用，有时也能起到为下次课做好必要准备的效用。教师要想使课外作业达到预期的效果，应注意以下几个方面：

（1）说明作业的目的和方法，如果作业是一种比较新的形式，教师要在课堂上做示范；

（2）分量适当，不给学生增加过多的学习负担，也不能时有时无，时多时少；

（3）体现教师讲课的重点和难点，通过课外作业的练习，帮助学生进一步掌握；

（4）难度适当。

第四节　英语教学的策略

一、英语教学策略概述

（一）英语教学策略的概念

策略原来是一个军事用语。《国际教育大百科全书》对策略的解释是对大规模军事行动所做的计划和指导。随着社会的发展，策略这个用语已逐渐变得普遍，渗透到工作和生活的每个领域，如“讲话策略”“谋职策略”“经商策路”“教学策略”等在我们的生活中已经被经常使用。从语义学角度上说，策略包括两个方面的内容：一是根据形势发展而制定的行动方针和斗争方式；二是讲究斗争艺术，注意方式方法。

策略在教学领域中也有应用，其分为学习策略与教学策略。其中教学策略是指教学活动的顺序安排和师生间连续的实质性交流，它所采取的这些教学行为的目的是实现课堂教学预期效果。而关于“教学策略”一词，它是在20世纪60年代以后，由美国匹兹堡大学罗伯特·格拉塞为带头人的一批认知心理学家首次使用的。教学策略在教师的教学中所起的作用很重要，教师在教学过程中有自己一贯的处理问题的方法，长久下来就会形成教师的教学风格，进而影响教学效果。现代教育思想认为，教师在教学中的角色有两个：一是教学任务的执行者，二是教学活动的决策者。因而，教师要想扮演好决策者的角色就应该注重对教学方法的有效计划和合理选择，并在面临问题时能够创造性地运用教学方法，努力实现由灌输型教师向研究型教师的转型。

目前，对于英语教学策略的含义，教育界还没有形成统一的口径，现在的研究者对于英语教学策略概念的描述大概有三种，现归纳如下。

（1）英语教学策略体现一种教学思想，可以看成是一种教学观念或原则，属于教学设计的一个组成部分，其体现方式有教学方法、教学模式和教学手段等。

（2）英语教学策略是有效解决教学问题的方法、技术的操作原则及程序的知识，它所采取的一系列教学方式和行为都是围绕着一定的教学目标而进行的。

（3）英语教学策略是指教师为达到教学目标而制订的教学措施，它是教学方法、步骤及行为方式的综合，且所采用的方法等符合学生的认识规律。

以上有关英语教学策略的概念各执一词，但根据这些观点的相似点，可以对英语教学策略的概念做一个概括：英语教学策略是指教师为实现最佳的教学效益，在一定教学理念的指导下，根据自己对具体教学任务以及教学情境的理解和认识，采取能够对教学活动起调节作用的系统的行为或措施。

事实上，英语教学策略就是教师教学理念的具体化。例如，为了复习学过的关于动物的单词，教师可以设计一项语言任务而不是单纯讲解，学生可以采取小组合作的形式，具体来说就是让一个组员用英语来描述动物特征，组内别的成员猜是什么动物。这样的教学策略充分体现的教学理念是“以学生为中心”。在制定或执行教学策略时，需要注意以下几点。

第一，英语教学策略须在教学理念的指导下才能进行，否则就会杂乱无章，达不到教学目标。

第二，英语教学策略的实施不能一蹴而就，需要有体现具体教学活动的一套独特的操作程序和步骤。

第三，英语教学策略并不是固定的，它可以根据情况来灵活多样地变动。

第四，我们知道，任何教学活动都有具体的教学目标，教学策略作为英语教学活动的组成部分也不例外。因此，教师在实施教学策略时必须对教学目标具有清晰的意识及努力意向，并在目标实现的过程中灵活运用教学方法，以期达到教学目标。

（二）英语教学策略的特点

1. 英语教学策略具有指向性

对于英语教学策略的选择不可以主观随意，要有一定的针对性，指向一定的目标。也就是说，英语教学策略指向特定的问题情境、教学内容、教学目标，并以此规定教学活动，只有在具体的条件下，在特定的范畴中，教学策略才能体现出它的价值。一旦教学环境、教学内容等这些因素发生了变化，教学策略也要随之发生改变。比如，在教学前即使已经考虑了可能出现的情况，而在具体的教学过程中，一些预测不到的偶然性事件还是会出现，这时教师应该能够做到随机应变，对于所选择的教学策略进行适时的改变，以确保达到教学目标。

2. 英语教学策略具有操作性

英语教学策略是基于教学目标中的具体要求而形成的。然而任何教学策略的制定和实施都要求能够操作，也就是说可以转化为教师的外部动作，最终通过外部动作来达到教学目标。否则便无法在教学活动中实施以实现其实际价值，即使制定的教学策略再有创意也没有意义。因而，英语教学策略必须具有可操作性，才能实现教学目标。

3. 英语教学策略具有调控性

教学策略不是万能公式，并不存在能适应任何情况的教学策略，它的灵活性很大，可以根据具体情况进行适当的调控。同时，元认知理论也认为主体能够根据活动的要求，选择适当的解决问题的方法，监控认知活动的进程，不断获得和分析反馈信息，及时对自己的认知过程进行调控。在教学活动中有元认知过程的参与，就使得教学策略的调控性成为可能。具体来说，就是教师能够对自身所选择的教学策略进行自觉调节，及时把握教学过程中的各种信息，如果教学过程中的某个因素发生了变化，教学策略的调控性能够及时对其进行反馈和调整，从而保证教学活动的正常开展与目标的完成。

4. 英语教学策略具有层次性

教学具有不同的层次，那么适用于不同教学层次的教学策略也不同，换句话说就是教学策略也具有层次性。不同层次的教学策略的适用条件和范围不同。另外需要注意的是，相邻层次的教学策略之间是相互联系的，高一层次的策略可分解为低一层次的教学策略，并对低一层次的教学策略起着指导和规范的作用。

（三）英语教学策略的分类

弄清英语教学策略的分类，对英语教学活动有着很大的意义：一方面可以有针对性地进行教学实践，以提高教学质量；另一方面通过对教学策略更系统、更深入的研究，为教学实践提供重要的理论指导。依据不同的标准，英语教学策略有着不同的分类，主要有以下几种。

1. 根据英语教学策略的特点来分

根据这一划分标准，可以将英语教学策略分为普遍性策略和具体性策略。

（1）普遍性英语教学策略。这一教学策略是指适用于听、说、读、写和翻译等各类教学内容的策略。在英语教学中，教师主要在课堂中对学生进行传道、授业和解惑，因此有效的课堂教学尤其重要，这离不开教师对课堂教学的精心组织和合理安排，以确保课堂教学能够顺利进行；教师在课堂进行的过程中要就学生对已学知识的复习情况和对新知识的接受情况进行检查，而这一目的经常通过开放性、发散性、理解性等系列问题来达到；学生在学习过程中经常会出现问题，这时教师要采用各种方式对学生进行鼓励、引导和启发，激发他们的学习热情，使他们能够保持参加课堂活动的积极性，增强自信心；教师还要对学生学习中存在的问题、任务的完成情况、目标的达成度和策略的使用情况等做出评估，以指导学生更好地学习，也为自己的教学提供借鉴。根据上述对整个英语教学活动的介绍，可以总结出普遍性教学策略的内容应该包括组织策略、提问策略、激励策略和评估策略等。

（2）具体性英语教学策略。该策略是指用于培养学生听、说、读、写和翻译等能力时所使用的具体策略。这些具体性策略将在以后的章节中分别进行详细的介绍。

2. 根据英语教学过程的环节来分

根据这一划分标准，可以将英语教学策略分为教学准备策略、教学实施策略、教学监控评价策略三个方面的内容。

（1）英语教学准备策略是指教师根据教学目标要求，分析教材，组织教法，分析自我和学生的具体情况，从而制定教学计划的策略。主要包括的内容有确定教学目标的策略、设计教学内容的策略、选择教学方法和媒体的策略、安排教学环境的策略等。这一策略的正确选择与有效运用是良好课堂教学的开端。

（2）英语教学实施策略是教师在教学过程进行中使用的策略，包括的内容有先行组织者策略、概念教学策略等。它是保证课堂教学完整性的一个重要策略。

（3）英语教学监控评价策略是指教师对教学全过程实行主动的计划、反馈、控制、评价和调节等采取的策略，其内容主要包括监控和评价两个方面的教学策略。它的采用可以保证课堂教学的流畅性，从而利于达到预期的教学目标。

3. 根据构成英语教学活动的主要因素来分

根据构成教学活动的主要因素这一标准，可以将教学策略分为方法型策略、任务型策略、内容型策略和方式型策略四类。

（1）方法型策略主要是针对教学方法这一因素来制定的，可以把它具体分为讲授性策略和发现性策略。

（2）任务型策略主要是针对英语教学中的任务而言的，可以把它细分为讲解性策略、练习性策略、综合训练性策略和问题定向性策略等。

（3）内容型策略是针对教学内容这一因素的，根据其策略的内容，可以把它分为直线式策略、分支并行式策略、综合式策略和循环式策略。

（4）方式型策略针对教学中师生活动的方式，也就是在课堂中教师和学生的活动方式主要是以谁为中心，因此可以把这一策略分为教师中心策略和学生中心策略。

4. 根据改进英语教学效果的途径来分

根据改进教学效果的途径这一标准，有学者将英语教学策略分为两类，即指导策略和管理策略。

（1）指导策略主要是对学生的学习活动进行适度的指导所采取的策略，包括给予明确的指导和解释，引导课堂活动和讲解家庭作业，给学生足够的机会或时间接收反馈和复习先前的知识。这一策略的选用能够给学生的学习效果带来直接的影响。

（2）管理策略是指教师通过对课堂教学的适当组织、安排，使学生形成良好课堂行为习惯的策略。

（四）制订英语教学策略的依据

英语教学策略的实施包括内容的安排、教学过程的实施、教学方法的运用以及教学组织形式的选择等，这些多重因素决定了教学策略具有复杂多变的特性。因此，在制订教学策略时，就要对这些因素进行充分的考虑，并且还要在此基础上保证教学策略的有效性，以确保教学目标的实现。综合教学过程中的教学目标、教学对象、教学者等方面的因素，我们可以总结出制订英语教学策略的基本依据，下面对其进行详细的介绍。

1. 英语学习者的认知水平

现代教学观认为应重视学生学习的主体作用，可见学习者在英语教学中的地位逐渐凸显。学习者的认知水平主要是指学习者的学习风格、现有的知识技能水平、兴趣爱好等。这一因素决定着英语教学的起点，是制订教学策略的基础，因此英语教学策略要适应学生的基础条件和个性特征。那么制订教学策略时就要考虑学生对某种策略在智力、能力、学习态度、班级学习氛围等很多方面的准备或接受水平，保证所采用的策略能够调动学生积极的学习兴趣和态度。例如，在教英语单词时，把游戏引入课堂，这种方式在低年级学生中很受欢迎，是一种不错的教学策略。而如果忽视学习者的认知水平，那么所制订的教学策略往往会因缺乏针对性，而不能产生好的效果。

2. 英语教师自身的能力

英语教学策略由教师来执行，因而可以说教学策略制订的主观因素主要在于教师。教师在制订教学策略时要考虑自身的能力，如教学风格、教学经验、心理素质水平以及性格等，这些都是影响教师教学能力的因素。通常教师在制订教学策略时，都倾向于选择与其教学思想、教学风格、知识经验、心理特征相一致的教学策略。这样使得他们能够对所选用的教学策略进行灵活的运用，否则就可能适得其反，收不到预期的效果。例如，让一个安静内向的教师去效仿和设计适合热情奔放的教师的教学策略，这样做的结果不仅达不到教学目标，还可能会造成教师不知道该如何授课的困境，影响其能力的发挥。因此，教师在制订教学策略时，应努力发挥其主观能动性，同时克服自身能力中的不利因素，尽量做到扬长避短，才能在英语教学中有效地运用策略。经验丰富的教师，能够根据各种具体的教学环境及学习者的需要，制订相应的教学策略，能够把握好策略的调控等特性。但对于新教师而言，在起初他们需要更多地借鉴老教师的经验，然而借鉴不是简单的模仿。新教师在借鉴经验的过程中，要能够在所学经验及教学理论的基础上进行理性的思考，在教学中实现教学内容与个性的有机结合，逐渐形成一套适合自己的教学策略，从而促进教学的有效开展。

3. 英语教学内容

不同类型课堂的教材所采用的教学策略也不同，即便是同样的课堂类型，教学策略也会因具体内容的不同而有所变动。例如，在英语听说课中，教师通常会采取让学生分角色朗读的策略，这样可以起到以下作用：一是利于使学生在表演中理解词、句的意思，二是利于培养学生的口语表达能力。但是在翻译课上，这样的策略并不利于其课堂内容的进行，因此一般不会使用。可见，某种教学策略对于某种课型是有效的，但对另外的课型所产生的效果可能不会那么令人满意。

4. 英语教学目标

不同的教学目标与教学任务需要不同的教学策略来完成，而不是采取固定或习惯的策略来进行。比如，英语教学的初级目标是提高学习者对英语课程的兴趣和信心，因此在制订教学策略时应注重趣味性和实用性，以促进目标的完成。但教学目标也不是一成不变的，它会随着教学的深入和学生知识水平的提高而发生改变，在这时，教学目标可能更侧重于知识内在的逻辑联系及知识技能的迁移。教师应该根据已发生变动的教学目标给学生布置有一定难度的任务，激活他们的思维，培养他们自主探究的意识和能力，从而促进他们更深入、自主地学习英语。

5. 英语教学环境

任何教学活动的开展都离不开教学环境，英语教学也不例外。教学环境包括的内容主要分为两部分：有形的物质环境和无形的心理环境。例如，教学设施、校风校纪、学习氛围及周边环境等都属于教学环境的组成部分。在教学策略的实施过程中，影响比较大的是学校的教学设施。例如，英语听力课采用多媒体教学，良好的听力教室、多媒体设备等利于学生听力的提高。如果学校的教学设备落后，只是用录音机放磁带的方式进行听力方面的授课，那么教学效果肯定不如人意，并且教师在制订教学策略时也会在很大程度上受到影响。

二、英语教学策略设计与分析

（一）英语教学准备策略

课前准备是好的教学活动的第一步，其构成要素主要有三部分：教学目标、教学主体和教学材料。在设计与施行教学准备时也应从三个方面来着手，即分析教学目标，其包括目标关键词化、目标行为化和目标演绎三个内容；分析教学主体策略，其包括的内容主要有两个，一是对教师自身状态的分析，二是对学生认知水平的分析；分析教学材料策略，其包括的内容有教学材料组织的结构化、教学材料选择的生活化和教学材料传递的情境化等。下面，我们将对这三个组成部分的内容进行详细的阐述。

1. 分析英语教学目标策略

传统教学理论认为教学目标有狭义和广义之分。狭义的教学目标与学校和课堂联系紧密，它是学校根据国家教育目的及学生生理、心理和知识的发展水平等实际情况而制定的教学计划。广义的教学目标是教育的目的或计划，因为它是把社会的需要转换成教育的要求，因此其所涵盖的内容范围比较广。为了达到英语教学目标，下面将围绕教学目标策略进行探讨。

（1）英语教学目标关键词化。这一教学目标策略是指教师在制订某一学科的课时目标时，用明确、具体、有针对性的关键词来表述，从而使得目标具有可操作性、可检验性，促进教学目标的实现。课堂水平的教学目标分为认知、情感和动作技能三个方面，它们在英语教学中构成一个完整的体系。三种教学目标是按照由简单到高级的分类来对目标水平进行描述的，前一种水平的技巧是后一种水平技巧的基础。教师在制定教学策略时，应把教学目标的分类作为一个整体来考虑，这对发展教育目标、归类、分组目标的设置都起着重要的作用。如何区分相邻分类的关键词是运用该策略最大的困难，特别是教学目标没有被清楚地陈述时，更是难上加难。为了解决这个问题，教师应积极参加年级集体备课工作，在这个过程中分享各自的观点。

（2）英语教学目标行为化。美国俄亥俄州立大学的泰勒教授于 1934 年首次提出行为目标的概念。随后，马杰于 1962 年提出行为目标应由行为、条件、流畅水平或标准三部分组成。教师在目标行为化的过程中，应注意三个方面的内容：首先是教师应该对学生将要做的内容进行明确；其次是教师应该描述在什么条件下，学生行为将发生什么变化；最后就是教师应对期望学生达到的行为标准或成就水平进行规定。这几个内容是教师在执行该策略时容易把握不好的，因此需要给予关注。教学目标行为化的观点引起了较大的争论，马杰和一些学者认为，目标行为化明确了教师的目标，并对学生在教学中该做什么进行指导，为检验学习的结果提供了一种系统化的方法。而欧文斯登和亨肯斯认为，目标行为化的目标量太多，程序比较烦琐，并且在执行中可能引导教师集中在低水平的认知和技能目标的层面上，从而不利于促进学生对知识的理解和全面学习。虽然对这一观点的争论众多，但从教学目标指导、测量和评价的功能来看，目标行为化的优点还是毋庸置疑的。对其归纳下来，大致可以分为以下几点。①当目标行为化后，教师能根据其内容设计出更合适的教学方案以满足学生的需要。而学生也能通过这一策略对其将要完成的学习任务有一个清楚的了解，从而更有效地利用时间，提高学习英语的效率。②目标行为化在某种程度上为教育规定了统一的标准，在此基础上，教师、学生、教育管理者和学生家长之间可以进行有效的沟通和交流，可以说它为人们提供了可以共同讨论的理论框架。③好的学习目标实际上已经把学习结果的检测方式和评价标准蕴含在内，行为目标只要稍做变化，即可作为测验题。可见，目标行为化可以使测量变得更简单，从而利于教学反馈与行为的调整。

教师的实践表明，行为目标有着明显的优点，但也有其局限性。这一局限性主要表现在两个方面：一是目标行为化比较适合于低级水平的教学目标的陈述，而较高级的认知目标尤其是情感领域的目标，很难从某个单一的行为中表现出来；二是如果教师太拘泥于这一行为目标，就会产生只看表面而不深究心理变化的现象，这样下来会使教学误入歧途。而且有些教师由于长期受传统陈述目标的影响，对行为目标应用起来普遍感到困难，对于他们来说，目标一旦行为化之后，反而不易理解已经列出的行为蕴含着什么样的心理变化了。由此看来，并不是所有的教师都能够运用好这一策略，如果有的教师想把目标行为化策略应用在自己的英语教学之中，必须具备三个基本条件：①进行系统的认知心理学理论和行为心理学理论的学习，还要进行必要的应用技术方面的训练；②掌握目标行为化策略的操作要求；③树立在教学准备时自觉运用该策略的意识。只有满足这三个条件，教师才可能有效地运用这一策略。

（3）英语教学目标演绎。在目标行为化策略中，所制定的行为目标都是非常具体的，可以观测、操作。但是，在执行的过程中，部分教师很可能对行为背后隐含的真正的教学目标意识不到，这就会产生把英语教学局限于表面行为的现象，从而达不到真正的教学效果。针对这一缺陷，格朗伦德采用描述内在心理和外显行为相结合的目标演绎来对教学目标进行陈述。具体来说，目标演绎指教学目标是从一般教学目标到一系列特殊的学习结果，每一特殊结果又与一般目标相联系。归纳下来，目标演绎有以下特点。

①目标演绎的目的是引导教师关注学生的行为变化，它是对学习者的学习行为结果进行的陈述，而不是针对教师的教学行为。

②目标演绎比较适合在陈述情感领域的教学目标时使用。因为情感领域的目标很多时候很难用具体的行为来体现，甚至有时行为的变化并不能说明情感得到了一定的发展，因此教师想要把握学生心理变化的实质，需借助一定的方法，而目标演绎是不错的选择。

③目标演绎没有提供行为产生的条件和相应的作业标准或者评价准则。格朗伦德认为，行为产生的条件和作业标准太具体化，容易限制教师在教学过程中的灵活性。

根据上述特点，在我国的中小学教育中，格朗伦德的教学目标陈述方式更容易被接受。

2. 分析英语教学主体策略

教学的主体主要是教师和学生。因此，教师在课前准备时首先要充分考虑自己的认知风格和自我的监控能力。认知风格是指个体在信息加工和完成认知任务过程中个体特征的具体表现，也是一个人的稳定风格在认知活动领域中的具体体现，其中这种稳定风格是在感知、记忆和思维过程中所具有的。威特金把个体的认知风格划分为两类：一是场依存型，这类人对客观事物的知觉往往以外在参照作为依据，态度和意向比较不稳定，容易受到环境的影响；二是场独立型，这类人在认知活动中更多的是利用自己的内在参照来对信息进行理解和判断，很少受到环境因素的影响。教师在英语课前准备的时候，应该对自己的认知风格加以分析，对其有一个整体性的认识。

作为教师来说，除了要充分考虑自己的认知风格外，还应加强自我监控能力的分析与认识。教师对教学的自我监控能力主要是指在教学活动之前要结合个人的风格、特点和经验，分析所面临的教学任务和教学环境中的教材、教学时间、教学条件等有关因素，在此基础上确定教学目标，然后根据这一特定的目标对教学步骤进行安排，对教学策略进行选用，预先构想设计出解决突出重点、突破难点等各种问题的可能方法，并对其可能产生的有效性进行预估，为在未来的具体教学活动实施期间监控教学进程，反馈、维持或者调整教学行为做准备。

另外，教师在英语教学中还应注重对学生状态的分析，对学生的起点能力、认知发展水平及风格有一个正确、全面的认识。比如，确定学生是独立型还是依存型，是整体性思维还是系列性思维，这些都是教师课前准备的参考资料，将其都考虑进去，有利于教学的实施与完成。

3. 分析英语教学材料策略

教学材料是英语教学内容的各种载体。所选择的教学材料一定要符合学生的实际水平，下面介绍几种教学材料选择的方法，以供参考。

（1）英语教学材料的组织要具有结构性。英语作为一门课程有着自己的结构，它内部系统的主要素之间有着相对稳定的组织方式或联结方式。那么教学材料的组织也要具有一定的结构才能满足课程的需要。教学材料的结构方式有螺旋式组织、累积式的层级组织、渐进分化与综合贯通式组织等。如果教师在组织教学材料时能够保证其结构性，就有利于学生对知识的掌握、迁移和回忆，否则可能造成学生对知识理解与掌握的混乱。

（2）英语教学材料的选择要与生活结合。教师在选定教学内容时，要将教的内容与现实生活结合起来，把学生学习的知识与他们周围的现实生活联系起来。采取这样的方式对英语教学能带来很多好处，如容易激起学生学习英语的兴趣，利于学生对知识的理解和吸收等。

（3）英语教学材料的传递要情境化。教师可以利用各种情境来更有效地实现教学目的。这里的情境主要包括现实情境和创设情境两个方面。如果教师没有现实情境可以利用，这时就可以通过各种手段来创设情境。如借助教学媒体创设生活情境、问题情境、新奇的情境等，这样即使学生没有现实生活可以联系，也可以把他们带入一个特定的氛围之中，使学生不仅能产生浓厚的学习兴趣，更可以调动他们参与解决问题的积极性。总之，教师通过创设各种各样的情境，并使这些情境适合问题和教学实际需要，能更有效地利用教学材料，达到最佳的教学效果。

（二）英语教学组织策略

1. 英语教学形式组织策略

在现代教育中，教学组织一般分为班级教学、小组教学和个人学习三种基本形式。班级教学是教师向一个班级的学生传递教学信息的教学组织形式，这种形式最为普遍；小组教学是教师在教学中组织班级内的学生形成不同的小组，鼓励并引导他们传递和分享教学信息的教学组织形式；个人学习是教师指导学生个人根据自己的选择，接受和获得教学信息的教学组织形式，教师在其中扮演的是引导者的角色。在以上三种形式中，个人学习是人类历史上最早出现、最本质的学习形式。在人类社会分工之前，人类都是以手口相传的形式来学习的。随着人类的社会化分工，教学逐渐强调规模效益，班级应这一需求就开始出现了。在班级教学中，教师会根据不同的学习风格、学习基础等，把学生分成若干小组进行教学，以便于能够在一个班级中统一授课。在英语教学中，依据不同的教学内容、学生的基本情况等，我们所采取的形式也各有不同。比如，我们讲解课文或说明语法内容时，通常采用的方式是班级授课；在组织任务实施时，我们通常会将学生分成小组，以便于信息共享；而对于需要记忆、背诵的内容的学习，我们自然是鼓励学生自己通过个人的努力去完成。当然，在教学中，我们应该根据需要，最大效度地使用不同的教学形式。以小组教学为例，按照原则，我们应该尽可能根据教学目标，将学生分成小组来进行。但分组时并没有统一的标准，若任务需要不同能力的学生的配合才能完成，我们就应该根据学生的能力水平，把不同能力的学生分在同一小组；若任务需要同一能力水平的学生才能完成，就应该根据学生水平把相同能力的学生分为一组。

另外，教学的这三种组织形式有着各自的优缺点，适合使用的条件和对象也不同。因此，在具体的教学中，我们通常不会只采取某一种组织形式，而是根据具体情况，结合使用三种不同的组织形式。

2. 英语课外活动组织策略

我国的英语学习是在汉语环境下进行的，因为没有语境，往往缺乏真实性，而且在教学中还存在英语学习时间不足的问题。那么，课外的英语语言学习活动，如自行看英文电影、看英文电视节目、阅读英文小说、用英语写电子邮件或者直接与英语本族语者交谈等，可以说是实现英语教学目标的必要的补充性教学活动。通过组织丰富多彩的课外活动，学习者能对所学的语言知识和技能有一个深刻的理解，如果长久进行，利于增强学生将所学知识和技能加以应用的自觉意识，逐渐培养英语交际能力。组织英语课外活动的策略中，有以下几个问题需要注意。

（1）教师在组织课外活动的过程中应起引导的作用。例如，学生想要在课外阅读英文小说，教师只需向学习者推荐即可。当然，教师在课外活动组织过程中不可干预过多，否则就会对学习者的积极性造成一定程度的打击。

（2）课外活动组织分为大型的课外活动和小型的课外活动两种，在英语教学中具体采用哪种类型要视情况而定。一般来说，戏剧表演是可以定期开展的大型的课外活动之一，可用来巩固和评价所学的语言知识和技能。这类课外活动具有创造性的特点，对发挥学习者的主观能动性非常有利，同时还能促进学习者之间的团结与合作。英语角、英语歌曲比赛、英语报刊或手抄报等带有综合性的特点，这类实践活动也属于大型的课外活动，它们为学习者运用所学语言知识和技能提供了很好的机会，而且在组织实践中，学习者相互合作，有利于培养集体荣誉感。需要注意的是，这类大型的带有综合性特点的实践项目在开展前应该做好充分的准备工作，一般来说，一个主题明确的活动方案、相应的图示和文字说明是很必要的。

在教学中经常性的课外活动多是小型活动，其通常指由学习者一个人或一组开展的活动。例如，学习者用英语写日记，有条件的可以建立自己的英语博客；学唱英语歌曲和歌谣，这类活动是练习语法结构、语音规则、词汇和句子韵律等所学内容的有效方式；教师在教学中引导学习者参与游戏，也可以在呈现或练习所学语言知识时经常采用讲故事的方式，这样能够非常明显地提高学习效果。这些活动有利于提高学习者使用英语的流利程度，同时还能增强学习者对所学内容记忆的效果。

（3）开展课外活动的目的是巩固已学知识和已经形成的语言技能，因而这类活动应定期开展，而且安排时间也要适当，通常的安排时间可以是期中、期末，也可以是英语节、艺术节等。值得注意的是，此时参与者在活动中是否使用英语应作为对学习者的表现或作品的重要评价标准之一。

3. 英语自主学习活动组织策略

自主学习活动强调应根据自主学习的理念为学习者创建支持性的学习环境，使学习者之间在这种环境中易于形成良好的协作关系，学会自我管理和自我评价，逐渐成为自主学习者。可见，自主学习教学过程的核心部分是为学习者创设和谐、互助、自主的环境。具体来说，就是教师向学习者提供一定的阅读材料，以学习者自主学习为主，以相互学习和教师指导为辅，最终促进学习者的知识和能力的发展与水平的提高。自主学习教学过程可以实现差异性教学，也就是说能够促使不同的人获得不同的发展，因此这种方式利于激发和增强学习者的学习兴趣，能较好地实现英语教学的情感目标。例如，每个学习者的认知风格各有不同，有的学习者喜欢独立思考，有的学习者更愿意与他人交流，这些不同的性格在英语教学中也表现为不同的学习特点。比如，对同一个问题的解决，学习者倾向于通过独立思考的途径，也有的倾向于通过学习者之间合作交流的途径等。在自主学习活动组织教学中，教师在学习途径或方式上不强求一致，鼓励学习者在这方面根据自身情况来选择，尊重并帮助学习者发展个性化学习途径和方式。

在英语自主学习活动组织的策略中，以下几点需要引起我们的注意。

（1）自主学习并非指学习者根据学习材料自学。事实上，以合作交流为特征的小组教学在自主学习教学模式中比较受提倡。通过小组教学，学习者作为学习活动的积极参与者，在与他人的积极合作过程中，一方面能够实现信息与资源的共享与整合，扩展和完善自我认知能力，另一方面合作精神和群体意识在活动中也能够得到培养。例如，教师设置问题，鼓励学习者进行主动的探索，从不同的角度以发散式的思维来探究问题中可能隐含的条件和规律，然后在组内交流各自的想法。这里需要注意的是，问题的设置应符合学习者的认知能力水平，还要具有针对性、层次性。这样，才能调动学生解决问题的积极性，逐渐培养学习者独立思考的好习惯，达到小组教学的良好效果。

（2）从学习者的全面发展要求看，教育学习者学会学习，培养学习者科学地提出问题、探索问题、创造性地解决问题的能力应是自主学习教学组织策略注重的内容。在自主学习教学过程中，教师并非旁观者，在向学习者介绍新材料或新任务、提出新问题时，教师应在学习活动的组织中扮演组织者或引导者的角色；在开展学习活动时，教师扮演合作者和促进者的角色。教师在参与学习活动的过程中，发现学习者理解问题的角度、深刻程度及存在的问题，并适时地介入活动中去引导学习者的讨论活动，或者肯定学习者在讨论中所持的正确的观点，以对学习者起到指导性的作用。当发现学习者在活动中遇到困难时，教师就应该成为点拨者，帮助学习者排除思维过程中的障碍，在这时，代替学习者解决问题并不是一种好的方法。同时，教师还要适时地扮演心理咨询者的角色，引导学习者学会倾听、理解、分享，鼓励学习者不断参与活动，帮助学习者树立学习英语的信心。

（3）激发学习者自主学习兴趣的动力源是思维情境。自主学习教学过程要求教师能够根据学习者的认知水平、已有的知识和学习体验等情况，设法挖掘学习者原有知识和课本内容之间的联系，并在教学中能够将课本中的结论性知识重新组织，使其成为能够得出某一结论、具有科学性特征的语言信息。通过教师整理的材料具有知识性、趣味性和讨论价值，贴近学习者的知识和体验，能够引发学习者的好奇心，这样使得学习者在教学中更容易入情入境，对学习活动产生浓厚的兴趣和强烈的探索欲望，那么也就易于促使自主学习行为的产生。

第五节 英语课程与教学研究方法

实用英语课程实行“以学生为中心，以就业为导向”的教学模式，建立“以应用为目的，实用为主，够用为度”的英语课程教学体系，旨在引导学生正确处理好语言基础知识和学以致用的关系，培养学生的学习兴趣和自主学习能力，为提升学生的就业竞争力及未来的可持续发展打下必要的基础。

一、关于教学内容

根据建构主义学习理论和语言学习的四个条件（语言的输入、学习动机、语言的使用以及教师的教授），教学内容主要选自国外书刊，包括信息技术、姓名称谓、角色楷模、商业经济、人生态度、职业选择等，内容新颖，语言生动，并提供听、说、读、写、译技能的基础性综合训练，注重实际应用，培养学生一定的语言运用能力。

二、关于教学方法

多种课堂教学方法的运用：坚持“教师为主导、学生为主体”，根据课程内容及特点，采用灵活多变的教学方法——教师讲授、情境教学、任务驱动、小组讨论、角色扮演、多人合作等，塑造学生的合作意识，增强主动性和参与性。

（一）教师讲授

讲授行为是教师课堂教学最常运用的教学行为。教师教学讲授行为的设计技术水平制约着教师教学行为的效果和效率。灵活选择教学讲授行为方式，熟练运用教学讲授行为策略，可以优化教师教学讲授行为的设计技术，达到促进学生发展、提高教学质量的目的。

讲授式是在传统的课堂教学模式基础上逐步演化而形成的。这种模式以教师为主导。教师按照学生认识活动的规律，有计划、有目的地组织和控制教学过程。这种教学模式的特点是学生对所学内容从感知、理解到巩固都是在教师领导下进行的。教师完全控制课堂，掌握进度，可以充分发挥主导作用和正面教育的作用，有利于学生在较短的时间里系统地学习基础知识和基本技能，比较突出地体现了教学作为一种简约的认知过程的特性。讲授式最突出的教学目标是通过教师的讲授，使学生掌握系统的基础知识和基本技能。其常用的基本程序是激发学习动机—感知及理解知识—讲授新课—巩固运用—检查反馈。例如，在学习 Unit 6 *Genetic Technology*（第 6 单元《遗传技术》）时，学生可以在教师的讲授下逐步了解克隆技术，它的优点是什么，弊端又是什么以及人们对于克隆人的巨大争议。通过教师的耐心讲解，学生能够对所学内容逐步理解、加深印象并掌握运用。

（二）情境教学

所谓情境教学，即教师在教学过程中再现不同的会话场景，并通过教师本人的语言、动作、表情及姿态传递给学生，使整个教学弥漫着一种和谐、融洽、振奋、饱满的情感气氛，最终达到激发学生学习兴趣的目的。例如，在学习 Unit 2 *Storeis of Creation*（第 2 单元《创造的故事》）这一课时，教师可以将不同的中外神话故事设置为会话场景，甚至可以借助多媒体增加视觉、音响效果，使学生置身于故事中，体会神话人物的喜怒哀乐并用英语思维自己演绎，提高学生的积极性。

情境教学提倡“以用为本、学以致用”，有利于学生通过视觉、听觉加深对外语的理解；有利于营造良好的语言环境，激发学生学习的兴趣，提高记忆效果和教学效率；有利于学生获得感性材料，把理论与实际联系起来；有利于调动学生用英语思维的能力和学生的非智力因素，变被动学习为主动学习。

（三）任务驱动

课堂上采用任务型教学，模拟真实生活中的任务，任务的设计层层深入，同时多样化的任务又由课内延伸至课外，不仅可以拓展学生的知识面，还可以培养学生的学习兴趣，从而提高学生综合运用英语的能力。

任务型教学在课前、课中、课后都呈现任务，让学生在任务的驱动下用语言做事。这就提高了学生的学习兴趣，激发了学生主动参与的积极性，有效地改变了学生被动的学习方式。例如，在学习 Unit 4 *Role Models*（第 4 单元《楷模》）时，课前可以给学生布置这样的任务：搜集一些楷模应该具备的特点，并用英文表达出来。课中可以布置这样的任务：请学生简短讲述课文中的主人公具备了楷模的哪些标准。课后还可以布置这样的任务：完成短文写作《从楷模身上，我们可以学到什么？》如此进行任务设计，循序渐进，由简到繁，由易到难，层层递进，能够培养学生的语言综合运用能力。

任务型教学模式体现了“学生为主体，任务为中心，教师为主导”的教学思想。整堂课中，教师是学生学习的促进者、信息资源的提供者、课堂教学的组织者、自主学习的设计者。

（四）小组讨论

教师在处理教材时应注意如何使学生利用小组活动来充分预习以及在课堂中让学生发挥主体作用，让学生充分参与。学生在合作中学习更有助于提高学生学习及参与的积极性。因此，应当发挥小组功能，让学生在合作中操练。例如，在《姓名》这一课的课前热身时，可以安排学生分小组讨论。教师给出问题“Do you think there is a connection between a person’s name and his or her life? Why or why not?（你认为一个人的姓名和他 / 她的命运有关吗？为什么？）”之后，可以将学生分成若干小组，每组不超过 6 个学生，指定 1 名组长，要求保证每个组员都有机会发言。讨论结束后，请每组派代表讲述他 / 她的观点，最后教师点评。

小组活动是课堂活动的主要形式，也是课前预习的重要形式。高效发挥小组合作的作用来完成任务是教师所努力、所追求的目标。

（五）角色扮演

角色扮演是一个主要由学生自编、自导、自演的过程，要求学生自主参与，学生既是导演，又是演员。角色扮演的显著特点就是能体现出学生自主的言语活动，它需要有一个人做总体的安排与协调，具体指导大家相互配合。角色的具体分配也可由学生自行讨论决定。英语教学注重的是学生语言能力的培养，角色扮演为学生创造了主动参与语言实践活动的机会，让学生作为活动主体能够按照自己的愿望，在模拟“真实”情境中扮演角色用英语进行交际。这就意味着学生是角色扮演活动的主角。作为演员的他们，其责任、义务和行为要求都被重新分配。学生自主地对课文中的角色进行重新设计、包装或结合单元主题创造出新的角色，经过小组成员的共同讨论、设计、分配角色、台词准备等一系列策划后，在全班同学面前登台表演，在实际运用中学习语言知识，培养运用英语的能力。

例如，在 Unit 10 *Harry Potter*（第 10 单元《哈利·波特》）这一课中，教师可以请学生来扮演课文中的角色。谁演哈利，谁演达力，甚至谁演蛇，都由学生讨论决定。确定好角色之后，由学生对课文中的故事进行编排，教师可以适当帮助学生寻找一些服装道具以求更接近人物要求，最后由学生进行表演。演完之后，教师与学生共同进行点评。教师也可以准备一些小礼物作为奖品，以鼓励学生的辛苦付出。

（六）多人合作

各小组成员共同合作，完成任务。合作学习并不是指学生整堂课都在讨论合作，但有效的合作学习也要给学生充足的讨论时间。因此，要在短短的课堂 40 分钟内组织好合作学习，就要求教师一定要科学选题，明确合作内容，确保合作的有效性。

合作学习的内容可以是一些具有开放性、探索性的问题。如在讲 Unit 1 *The Information Age*（第 1 单元《信息时代》）这一课时，通过开放性问题“What can we do on the Internet?（在网上我们能干些什么？）”引发学生的讨论并总结“在网上我们能干些什么”。但交流前要让学生独立思考，形成自己的想法，别人发表意见时要尊重对方，注意倾听，也要敢于质疑，敢于争辩。教师要注意让学生在合作中互相理解、尊重、互助，使各个层次的学生都能得到相应的发展。

教师也可选择一些通过合作能互相帮助、互相促进、取长补短的问题。例如，写作是英语教学中的一个难点，学生需要教师的点拨才能提高写作水平。但教师又不能每次都逐个指导，这个时候合作学习就十分必要了。通过学生的合作点评和互相帮助，学生容易接受相关内容且印象深刻。教师可把全班分成若干小组，学生相互合作完成一篇文章；也可每个人完成一篇文章，互相点评，取长补短，基础好的学生主动带动基础稍差的学生一同进步，从而在主动愉快的学习中迅速提高自己的写作水平。

实践教学的改革和建设是一个体现高校教育规律、不断适应和满足社会和教学需求的过程，需要不断地创新实践。只有建立科学合理的实践教学体系和实践教学规范，并在实践的基础上不断优化和完善，才能满足社会对专业人才能力素质的要求，发挥实践教学在应用型人才培养方面的重要作用。

第二章 应用型大学英语教学中存在的问题

第一节 应用型大学英语教学问题的症结剖析

笔者认为，我国高校的公共英语教学一直基于一个统一的教学大纲，缺乏分类指导，学习英语通常是为了通过考试（当然不排除日常交际的功用）。自全国大学英语实行四、六级考试以来，各高等院校对英语越来越重视。很多学校要求所有专业的学生要通过一、二年级的学习最后通过全国大学英语四级考试，该考试主要测试学生的听、读、译、写能力（现在又对部分学生增加了口语考试）；这对调动学生学习英语的积极性、提高英语教学水平起到了很大的促进作用。然而，由于没有后续教学，非英语专业学生在通过了大学英语四、六级考试后也就意味着“圆满”完成了在大学期间的英语学习。大三、大四两年基本上没有系统的英语课程，ESP（English for Specific Purposes，专门用途英语）并未得到应有的重视，ESP 教学尚处于初级阶段，关于 ESP 教学的具体理论研究及实践还不成体系，适合中国学生的教材十分有限。ESP 教学的匮乏与社会发展对人才的需要相矛盾。目前高校培养出的大学生绝大多数看不懂英文的产品说明书，更不明白某个术语用英语怎么说，他们无法用英语获取相关的专业知识。这样的教学是不完整的，更是无法顺应时代需求的。随着我国加入世界贸易组织和进一步实行对外开放，社会对外语人才的需求呈多元化趋势，单一外语专业或单一技术技能型的人才已经不能适应市场经济的需要，人们普遍感到学校中所学英语满足不了实际交际的需要。目前外语界最热门的话题就是“如何培养复合型人才？”“如何提高学生的英语实践能力？”这意味着当前的外语教学必须顺应时代要求，转变教学模式，由单科的“经院式”人才培养转向“宽口径”“应用型”复合型人才的培养模式。要做到这一点，必须大力倡导 ESP 教学。

与国外 ESP 的快速发展形成鲜明对照，ESP 在我国发展相对滞后。我国 ESP 研究起步较晚，国外 20 世纪 60 年代 ESP 研究兴起之时，我国应用语言学的研究几乎处于停滞状态。从 20 世纪 70 年代起，我国一些理工科院校相继成立了外语系或科技外语系，组织和实施应用型大学英语教学，各个省成立了应用型大学英语教学专业委员会，全国成立了应用型大学英语教学指导委员会，专门组织应用型大学英语教学、研究、考试。我国对于 ESP 的研究始于 20 世纪 70 年代末，到目前为止，我国外语界对 ESP 在课程设置、教学法、教材建设、ESP 工具书编纂等方面进行了多维的探索。为了更好地传授 ESP 课程，我国相关人员对与之关系甚为密切的工具书进行了研究，并依据这些研究成果编纂相应的辞书，如《英汉自动学及检测仪表词汇》《英汉计算机技术词典》《英汉美术词典》《英汉社会科学词典》《英汉空气动力学词典》等。但就编纂的宏观结构和微观结构而言，不少辞书存在着诸多缺憾。在此期间也有不少 ESP 的相关文章和论著发表，遗憾的是，其大部分仍停留在介绍国外的研究成果上，只有少数教师结合自身 ESP 从教经历探讨大学 ESP 教学模式。与国外 ESP 的系统研究相比，国内方面的研究相当有限。

ESP 教学兴起于 20 世纪 80 年代初，标志为科技英语和经贸类英语专业的设置以及由此带动的各类专业英语课程的开设。同时一些外语院系也开始尝试开设“科技英语”课程，并尝试与外界交流。1981 年，在联合国开发署的资助下，ESP 教学网在北京外国语大学、上海外国语大学、西安外国语大学的出国人员培训部成立，任务是帮助 ESP 项目学员（主要是科技人员）用半年左右的时间完成语言训练，掌握英语交际能力，然后按中国与联合国有关组织和机构商定的经济技术合作项目派往国外参加学术交流、学术深造或研究。

一方面，实践领域付出了巨大的努力，另一方面却不时传来学术界对 ESP 是否存在的种种质疑。对于是不是有“科技英语”（专门用途英语在我国的另一种叫法），我国的外语界从一开始就有一场针锋相对的争论。当时中国科技大学研究生院李佩认为，近年来，我国外语界对大学公共英语教学应取向“科技英语”（ESP）还是“普通英语”（CE）一直有所争议。所谓“科技英语”是 20 世纪 70 年代海外开始流行的“专用英语”引进中国后的一种说法。赞成“科技英语”者认为随着科学技术的飞速发展，国际交往的日益频繁，英语已成为国际学术交流所必备的工具，因此认为“科技英语”或“学术英语”（EAP）应是大学英语的主攻方向以满足学生的特殊需要。而主张“普通英语”者则认为无论何种专业系统，其所用英语均属于该语言的大体系之中，只有“为科技用的英语”，而不存在什么“科技英语”，只有让学生打下一个扎实的英语基础，方能真正使其起到得心应手的工具作用。

在李佩所选的中国科学院各研究所所长和研究员的回信中，基本上都反对科技英语的说法。例如，“把外文的基础打好，读科技文章就不成问题”“我偏向于以‘公共英语’为基本，只有掌握这门语言的‘共核’部分，才能有利于在科技方面的应用”“我 100% 地支持大学公共英语应取向‘普通英语’的看法”。中国科学院院士，当时复旦大学校长杨福家甚至撰文指出，不能将语言简单地划为科技英语，乃至物理英语、生物英语，等等，并断言科技英语根本不存在。张少雄撰文认真评说了科技英语词汇不存在的种种理由，并由此断言：不仅科技英语词汇不存在，按学科分类方法分割出的各种专业英语，除有一定程度的心理意义以外，并无理论上的科学性，也没有实践上的必要性。

学术上意见不同完全可以争论，但当时这场争论已超越了理论上的探索，直接影响我国的应用型大学英语教学课程设置和发展方向。在较长的一段时间里，以下这种观点占主导地位：我国的应用型大学英语教学是基础英语即普通英语的教学，不需要也根本没有必要进行专门用途英语的教学。按照一般的理解，科技英语是 ESP 的重要组成部分，我国的 ESP 教研也是首先从科技英语开始的。如果科技英语不存在，ESP 存在的理由就必然苍白无力。出现这种尴尬的局面有多种原因，最主要的是长期缺乏理论研究使得我国高校的 ESP 教学体系多年来一直处于较为混乱的状态，突出表现在教学大纲对 ESP 课程定性与定位不明、ESP 师资匮乏、教材滥用等。

1983 年，上海交通大学受国家教委的委托，对全国部分院校毕业生在工作中使用英语的情况进行调查分析，这是我国应用型大学英语教学首次对学生的交际需要进行分析，以后又对部分院校新生入校时的英语水平进行调查分析。这些分析虽然不尽完善，却为国家教委 1985 年颁布的《应用型大学英语教学大纲》（以下简称 85《大纲》）的制定提供了重要的数据资料。85《大纲》将大学英语分为专业英语阅读阶段和基础阶段。其指出了专业英语阅读阶段的培养目标是使学生能以英语为工具，获取专业所需要的信息。尽管 85《大纲》中不少内容的确定都采用了 ESP 的路子，如“微技能表”就是以芒比的被应用语言学界誉为 ESP 中最深刻、最严谨的需要分析的《交际教学大纲设计》一书为蓝本，但 85《大纲》没有明确 ESP 课程，只是遮遮掩掩地称“专业阅读”（尽管最初开设的课程以科技英语为主），没能明确指出它到底是英语课还是专业课，至于到底读什么，深度、难度如何，均没有量化的指标。

85《大纲》对 ESP 教学没有实质性的推动，加之 ESP 本身的跨学科性和当时社会经济状况对英语要求不高，因此在经历了 20 世纪 80 年代末到 90 年代初短暂的科技英语热之后，ESP 教学发展几乎停滞，原本设立 ESP 专业的学校，由于毕业生没有明显的优势，不得不放弃 ESP 特色。例如，原华西医科大学曾在 1986 年开设了医学科技英语专业，学生除学习英语外，每学期还至少学习一门医学课程，学制相应延长至 5 年，其培养目标为医学院校英语教师，毕业生既能胜任公共英语教学，也能承担医学英语甚至医用拉丁语教学。但走上教学岗位的毕业生反馈医学院校有的没有开设医学英语，有的开设了但不是由外语教师任课，因此该校英语专业从 1994 级学生开始，基本上停开了所有医学课程，学制也缩短至 4 年。

就教学对象来讲，ESP 和 EGP（English for General Purposes，一般用途英语）一样在我国有着广大的学习者。许多岗位的工作人员利用业余时间参加 ESP 课程培训，从每年有几十万的学习者参加由剑桥大学举办的 BEC（Business English Certificate，剑桥商务英语）考试就可以看出这种趋势。从国家教委到外语学界的专家、学者以及一线教师都意识到开设 ESP 课程的重要性。

1996 年出版的高等学校理工科本科用《大学英语专业阅读阶段教学基本要求（试行）》弥补了 85《大纲》的缺陷。对 85《大纲》中关于专业阅读课教学的要求和安排做了进一步阐述，制定了课程的教学基本要求，加快了专业阅读课教学规范化的步伐。

同时，外语专业教学内容和课程体系改革也在紧锣密鼓地进行中。1994 年底，国家教委制定了高等院校面向 21 世纪教学内容和课程体系改革计划，《面向 21 世纪外语专业教学内容和课程体系改革》课题项目由上海外国语大学和北京外国语大学合作承担，并邀请了北京大学、清华大学、复旦大学、南京大学、对外经贸大学、外交学院、华东师范大学和解放军外国语学院等院校的专家、教授参与工作。为了便于开展研究，这一项目分别成立了由上海外国语大学和北京外国语大学牵头的南北方两个课题组，在国家教委高教司外语处的直接指导下工作。课题组自 1996 年正式开展工作，到 1997 年 6 月截止，分两个阶段进行了大量的调查研究、信息数据统计和分析研讨工作。两组分别设计了调查问卷，分析反馈信息，并在此基础上撰写了分析报告。1997 年 6 月，课题组成员参加了高等学校外语专业教学指导委员会英语组年会，1997 年 11 月，又参加了全国外语院校协作组年会。在两次年会上，课题组成员认真听取了外语界专家对外语专业教学内容和课程体系改革的意见和建议，与会专家肯定了课题组的调研工作以及关于外语专业教学改革的总体思路。

经过对全国部分外语院校（系）人才培养和教学现状的摸底调查，基于各院（系）的总体改革和发展情况，结合21世纪对外语人才的需求，课题组提交了《关于外语专业教育改革的建议》。其核心内容是21世纪是一个国际化的高科技经济时代、信息时代、智力和人才竞争的时代。我们培养的学生作为21世纪的社会主义建设者和接班人，应该是能立足我国以经济建设为中心的各条战线，面向改革开放前沿，适应市场经济，利用所学语言和知识，在传播沟通信息和进行科研成果的对外交往与合作、从事教育与科学研究等方面胜任工作，并发挥积极作用。这是21世纪的中国和世界对外语专业人才提出的新要求。其还指出，当前外语教育专业改革的当务之急是转变教育思想，更新教育观念。由于社会对外语人才的需求呈多元化的趋势，过去单一外语专业和技术技能型人才已经不能适应市场经济的需要，市场对纯语言专业毕业生的需求量正逐渐减少。因此外语专业必须从单科的“经院式”人才培养模式转向宽口径、应用性、复合型人才的培养模式。其实，英语专业的学生仅仅是ESP学习者的一小部分，更大一部分来自非英语专业的学生以及专业工作人员。

ESP课程的进一步明确是1999年修订的《应用型大学英语教学大纲》（以下简称99《大纲》），其正式提出了“专业英语”的名称，对“专业英语”的地位与重要性给予了充分的肯定，并规定为必修课。“专业英语是应用型大学英语教学的一个重要部分，是促进学生完成从学习过渡到实际应用的有效途径。各校均应在三、四年级开始专业英语课……切实保证大学英语学习四年不断线。”99《大纲》的要求明确了大学英语第二阶段即提高阶段的教学方向（第一阶段为基础阶段），为大学高年级阶段的ESP教学定了位。

但99《大纲》依然存在一些问题。既然是《应用型大学英语教学大纲》做出的规定，那么专业英语课理应属于英语课程系列，是公共基础课。但是由于其规定“专业英语课原则上由专业教师承担，外语系（部、教研室）可根据具体情况配合和协助”，在实际操作中，外语教学部门的配合和协助基本上是一句空话，ESP课程完全成了专业课教师的副业。可能是《应用型大学英语教学大纲》对ESP的定位不明，导致各个学校教务部门对它的认识五花八门。以同济大学为例，在42个开设有ESP课程的专业中，有21个把它列为专业基础课，15个把它列为专业课，还有6个把它列为公共基础课。同济大学的情况在全国高校中很有代表性。作为专业课或专业基础课，ESP课程理所当然应该由专业课教师来组织教学。而作为公共基础课（大学英语课程的一个分支），则应该由英语教师来组织教学。从ESP的全称English for Specific Purposes来看，它首先是一门英语课，应该由英语教师来承担。无论是英美等英语国家还是新加坡、罗马尼亚、中国香港等英语水平较高的国家和地区，都把 ESP 课程作为英语教学的一个分支，由英语教师来承担教学工作。而在我国，由于定位的不明确，ESP 课程一小部分由英语教师承担，其余大部分由专业课教师包揽，使得从事 ESP 教学的教师主要有以下两类。

（1）第一类教师。在服务前以学文学为主，后从事 EGP 教学。由于教学计划改变，或为满足学习者新的需要，转向一些较热门的专业英语，如法律英语、商务英语、科技英语等。其由于本身不是某一话语共同体的成员，给教学带来一定的局限性，如不完全熟悉该专业的业务，无法了解学习者的各种需要，不精通该语言体裁的特点或词汇特点，容易将专业学科教学上成英语的辅助课，使语言教学易走弯路，不但费时、低效，甚至误导学习者。

（2）第二类教师。在许多高校，专业英语都由某一系或专业的英语水平较高的专业教师承担，这些教师的优势是熟悉本专业的词汇与交流机制，既是目标话语共同体的成员，又是该专业的行家高手。但是专业课教师讲授 ESP 课程有很多缺陷。首先，教师自身的英语应用水平和教学水平值得怀疑。不能否认少数专业课教师有较高的英语应用水平，就如汉语讲得好的人不一定会教中文一样，他们是否有能力组织有效的 ESP 教学还很难说。更何况，英语应用能力强的教师不一定被安排去教 ESP 课程，这就不可避免地使相当一部分教学任务落到了英语应用能力本身还存在问题的教师身上。同济大学的相关调查表明，不少从事 ESP 教学的专业课教师对自己的英语能力信心不足，多数教师只用传统的语法翻译法教学。同济大学作为全国排名靠前的重点大学，情况尚且如此，那么众多不如它的高校情况如何，就不言而喻了。其次，专业课教师无论是教学还是科研，都把主要精力放在自己的专业上，ESP 课程只不过是“副业”而已，花在上面的精力非常有限，这直接导致 ESP 教学方法呆板、教学效果差、科研停滞不前。而对 ESP 教学和科研有兴趣的英语教师则苦于没有机会从事教学实践，即使搞科研，也只能纸上谈兵，无法理论联系实际。

另据韩萍、朱万忠等调查，由于 ESP 对教师有专业与语言的双重要求，许多高校的专业教师，由于他们自身语言底子不足又缺乏语言教学经验，选择的教学模式主要还是“翻译＋阅读”，很少涉及语言综合技能的全面训练，在课堂中扮演的角色仍然是“以教师为中心”的“传道授业解惑者”，学生也只是知识的被动接受者；同样，由语言教师担任 ESP 课程教学，由于不懂相应的专业知识和 ESP 教学之于 EGP 的特殊性，其也难以胜任。ESP 师资选择陷入两难的境地。陈冰冰通过对温州大学师生的访谈发现，许多教师对 ESP 教学没有组织设计交际任务或活动，仍使用传统的呈现式、灌输式教学法或使用精读或阅读的教学模式进行教学，整个课堂只有来自教师的输入，忽视了学生对所学语言的输出，“哑巴英语”现象仍然没有得到改善。受英语四、六级全国统考的影响，全校外语教师普遍重视基础英语，从事 ESP 教研的教师寥寥无几，这在该校 2004 年度校级 ESP 教研立项的项目数量上就可以看出：总共 39 个项目中，有关大学英语的有 6 个，而有关 ESP 的只有 1 个。

99《大纲》中要求的各校“要逐步建立起一支相对稳定的专业英语课教师队伍，成立由学校领导和专业英语教师组成的专业英语教学指导小组，统筹、协调、检查专业英语教学方面的工作”，明示了 ESP 师资力量不稳定的突出问题。一般院校很难找到既通某种专业又通外语的“全科教师”。一般的英语教师缺乏必要的专业知识，讲授的深度和广度受限，加之基础教学任务重，压力大，无力担此重任；而专业教师对于应用型大学英语教学的内容不熟悉，对学生在基础阶段所接受的训练及掌握的语言知识、技能了解不多，在讲课中出现该讲的没讲，不该讲的又重讲的现象，加之自身英语水平有限，不利于指导学生的专业英语阅读。

尽管专业课教师和语言教师的合作一直为 ESP 研究者所提倡，可是王蓓蕾在对同济大学 ESP 教学情况调查中发现，ESP 教师都是专业课教师，其中只有两位和其他教师合作教学。他们的教学重任仍在专业课上，并且认为 ESP 课程备课量大，对教师有专业和语言的双重要求，费时费力，不如上专业课有成就感，造成师资队伍不稳定。甚至于有些高校或推迟开课的时间，或索性根本不开设 ESP 课程。

事实上，由于长期以来 ESP 在大学英语教育中的定位模糊不清，像上文提到的选择教师的尴尬仍在继续发生，围绕着这个话题的讨论也在继续进行。章振邦教授指出，现在的问题是我国的普通英语教学太长，对专业英语重视不够，从小学到中学到大学学的都是普通英语，所谓“四级”“六级”测试，都是在测试普通英语的水平。应用型大学英语教学迟迟不与专业挂钩，怎能要求学生毕业后走上需要专业英语的工作岗位能够胜任愉快？刘法公指出，中国英语教学界对基础英语和专门用途英语教学之间存在不少模糊的认识，认为英语教学的任务就是培养学生基础英语的技能。目前，我国许多高校的现状是重视基础英语，忽视 ESP 教学，极大地影响了学生综合英语能力的培养。著名学者秦秀白教授认为我国 ESP 教学尚未进入成熟阶段，一个主要原因是没有解决好 ESP 在大学英语教育中的定位问题。

各专家、学者都曾就此提出自己的解决方案。刘润清建议给大学英语教师举办师资培训班；黄建滨和邵永真认为应选派英语功底好的优秀专业课教师担任专业英语课的教学任务，并在待遇上给予其特殊政策；蔡基刚则认为ESP教学应主要由外语教师来承担，而双语课可由专业教师授课，还提出鼓励年轻的具有硕士学位的外语教师攻读其他专业的博士学位，加强和双语课程专业课教师的业务合作等。

笔者认为最根本的原因还是长期以来我国外语师资培养结构不合理，ESP教师教育专业空缺。传统的师范外语专业知识结构单一，偏向纯语言知识的传授，学科知识与跨学科知识互不挂钩，外语师资与专业师资培养各自为政，缺乏对英语作为国际性语言应与时俱进、与世界经济全球化同步发展的前瞻性考虑。当然，我国个别高等院校已经注意到这一问题，并实施了一些对应措施。广东外语外贸大学就开设了法律英语的博士点，其商务英语学院每年还派送商务英语教师赴英国兰开夏大学攻读国际商务英语教学或工商管理硕士学位，上海外贸学院定期派送英语教师到英国进行ESP师资培训。这些做法当然值得极力推荐，可是就国内大部分高校目前的条件来讲，还是不太现实，即使能够做到，也是杯水车薪，解决不了整个问题。

除大纲和师资问题外，教材的问题也相当严峻，不容乐观。开展专门用途英语教学必须依靠合适的系列教材。没有一系列科目适当、难度适中、语言适宜的专门用途英语系列教材，就无法保障教学质量。国家教委没有组织各系统各专业统一编写专业英语教材。基本上每个学校以自行编写或选编为主，教材没有统一的教学目标，缺乏统一的指导思想，存在着较大的盲目性和主观性。各教材之间缺乏内在的连贯性与系统性，更少考虑到所选教材之于教学法的可操作性。有的教材是国外专业书的片段拼凑；有的只有课文，没有练习；有的只注重专业知识，完全忽略英语语言的训练。大多数是民间自发独立或联合编写的杂乱无章的教材。部分ESP教材的编写者从事通用英语教学，没有受过有关ESP知识的专门训练，对ESP的核心指导理论——“真实性”的理解不够完全，认为真实的语料仅指真实的书面语篇，忽略了听、说等真实的语篇、真实的课堂活动的运用和对语言教室交际场景文化真实的设计以及对学生真实学习策略的培养。一些教材虽然运用了真实阅读语篇，但内容陈旧，不能充分调动学习者的积极性，教学效果不理想；某些教材练习仍然以语法、词汇、翻译等传统练习为主；还有一些则全盘采用外国杂志上的原始材料，难度大大超过学生已有的语言与专业水平，阻碍了课堂交际活动的安排。更严重的问题是，教材几乎全是由教师在课前选定，学生对教材的选择没有发言权。任何ESP课程的设计都要以学习者的需求为基础去进行，而在我国，ESP需求分析对绝大多数课程设计者来说还是一个陌生的概念，更不用说有人去做了。没有需求分析，课程设计者对各个领域的ESP课程是否有必要开设缺乏概念。比如，该以使学生达到什么程度为培养目标，达到这一目标需要多少学时，应该采取大班上课模式还是小班上课模式等。因此，就出现有的专业安排ESP课程、有的专业则没有的情况，学时差异也很大，无论专业本身对听、说、读、写要求如何，都采取大班上课模式。

目前，组织人力编写出较为完整、统一的专门用途英语教材是亟待解决的英语专业学科建设问题。近几年来，宁波大学、汕头大学、广州外语外贸大学、北京外国语大学的专门用途英语教师已陆续编写并出版了《现代国际商务英语》《报刊英语》《旅游英语》《国际商务英语》《国际金融英语》《商贸法规英语》等教材并同时开设相关课程，这一尝试值得借鉴推广。

鉴于师资匮乏、教材滥用等问题，很多院校的专业阅读课迟迟不能开设。即便开课，课时也不能保证，收效甚微，形同虚设。王蓓蕾在对《同济大学ESP教学情况调查》一文中指出，调查表明，从总体来看，62%的学生能看懂原版资料，但遗憾的是，80%的学生却无法用英语交流相关信息。看来ESP教学仍停留在专业阅读阶段。各专业的差异也较大，如地质学专业70%的学生能看懂原版资料，而给水排水工程竟有50%的学生看资料有困难。

ESP课程具有边缘性，是专业内容与英语语言技能培养的结合，各个领域的内容差别很大。目前我国多数ESP课程缺乏教学大纲，虽然1985年、1999年的《应用型大学英语教学大纲》对ESP课程做出了一些指导性的规定，但过于笼统，不能算作真正意义上的教学大纲，况且每个领域（如医学、法律、计算机、金融等）的ESP内容各不相同，不可能共用一个大纲。教学大纲的缺乏使得教师对教材的选取和讲授内容的多少自由度过大，责任心欠缺的教师可能会“偷工减料”，使教学内容大打折扣，即使责任感强的教师，也会由于对课程的认识不一致而影响教学内容和效果。教学必须要有相应的评价机制，ESP教学不同于一般的教学，不能用一般的教学评价机制来衡量，需要建立客观、公正、符合ESP教学规律和特点的评价机制，而大多数高校还没有建立起相应的ESP教学评价措施，使得教学长期处于无人监管的状态。

教学发展的停滞不前使有关部门认识到问题的严峻性，在ESP教学举步维艰、效果不佳的情况下，转而把希望寄托到双语教学上。教育部办公厅在2001年9月下发了《关于加强高等学校本科教学工作提高教学质量的若干意见》，指出应积极推动使用英语等外语进行教学，按照教育面向现代化、面向世界、面向未来的要求，为适应经济全球化和科技革命的挑战，本科教育要创造条件使用英语等外语进行公共课和专业课教学。对高新技术领域的生物技术，信息技术等专业，以及为适应我国加入世界贸易组织后需要的金融、法律等专业，更要先行一步，力争 3 年内，外语教学课程达到所开课程的 5% ～ 10%。暂不具备直接用外语讲授条件的学校、专业，可以对部分课程先实行外语教材，中文授课，分步到位。这里所说的外语教学即双语教学。一度有关部门及高教界人士对双语教学提高学生 ESP 应用能力寄予厚望，但在具体的教学操作中，双语教学依然困难重重，成了很多学校教学上的一个死结。湖北大学的一位负责人在该校接受教育部评估前无奈地说："我校各项指标都能得 A，唯独双语教学率不及格。"接着，2004 年颁布的新的《大学英语课程教学要求（试行）》虽然强调教学要与学生未来工作需要相结合，但对 ESP 教学几乎没有明确提及。应用型大学英语教学依然沿袭通用英语一统天下的套路，ESP 教学似乎已被淡忘，无人问津了。

ESP 在中国已有几十年的发展历史，遗憾的是由于种种原因，它依然未能挣脱大学公共英语和专业课程的羁绊。传统的"语言中心"和"教师中心"的教学法仍然根深蒂固，ESP 课程不免处于尴尬的境地，既不能满足学生提高语言能力的要求，也无法和专业课的重要性相提并论。时至今日，ESP 依然在夹缝中苦苦挣扎，祈求能有一片完全属于自己的生存空间。

第二节　英语基础知识教学中的问题

一、语音教学中的问题

我国的英语语音教学主要存在五个问题：对语音教学的内容和任务把握不够、对语音教学重视不够、教师语音不标准、对语音教学的长期性认识不够、学生的语音练习机会太少。下面我们就对这五个问题分别进行说明和分析。

（一）对语音教学的内容和任务把握不够

语音教学的内容不仅包括字母、音标和拼读，还包括语流、语调、重音等。但有的英语教师只关注前面几项内容，而忽视了后面几项，这就很容易造成学生发音尚可，拼读也还熟练，但语流不畅，语调不过关，最终影响朗读、口语能力的发展。这是因为，语调、重音等因素对语义的影响有时比单个音素还要大，而且对学生语感的培养也极为重要。因此，英语语音教学不能只停留在单个音素和单词读音的层面上，还应帮助学生在音长、重音、语调、停顿、节奏等方面打下坚实的基础。

除了知识性的传授以外，语音教学中教师必须使学生具备以下几种能力。

（1）能够听音、辨音和模仿语音。

（2）能够将单词的音、形、义联系起来，并能迅速做出反应。

（3）能够按照发音规则将字母及字母组合与读音联系起来。

（4）能够迅速拼读音标。

（5）能够将句子的读音和意义直接而快速地联系起来，从而达到通过有声言语进行交际的能力。

（6）能够朗读文章和诗歌。

（二）对语音教学重视不够

语音不仅是语言的基本要素，更是语言赖以存在的基础。可以说，世界上所有的语言不一定都有文字形式，但一定有各自的语音。因此，英语语音教学也应该是整个中学英语教学发展的起点。然而在实际教学中，对语音重视不够的情况并不少见。这一现象不仅表现为对学生的发音问题（如浊辅音发成清辅音、短元音发成长元音等）不认真纠正就放过；还表现为学生的语音基本技巧不纯熟，无法快速地将字母和语音联系起来，达不到直接反应的水平。总之，对语音教学的重视不够往往直接导致了学生语音基本技巧自动化程度不够。

这一问题不仅阻碍了英语的后续教学，更影响了学生的语言能力和各项语言技能的发展。有调查显示，我国英语教学存在两极分化的现象，包括班与班、校与校、地区与地区的宏观分化和班内学生之间的微观分化。这种分化无不与语音教学有着莫大的关联。因为如果语音基础不好，读单词就会有困难，不会读或读不准单词也会直接影响到单词的记忆和积累。而词汇量不够的话，阅读也就困难重重。另外，语音基础不好就无法将音、义快速联系起来，这也给听力学习造成了很大的困难。而英语听力能力的薄弱不仅会导致听力学习效果不佳，教师如果用英语授课，学生也难以跟得上，最后连听课都困难，就只能放弃英语学习。

（三）教师语音不标准

作为语言的基本功，语音看起来简单，但实际上要想做到发音准确是十分不易的。部分英语教师自身也存在发音不准确的问题。还有一些英语教师不分英式发音和美式发音。这在中国人看来似乎没什么，但在英语本族人听来就十分怪异了。要想解决这些问题，教师必须自觉地提高英语水平，进行一定的专门发音训练。此外，也可以使用录音机等教学工具，一方面保证语音的准确性，另一方面也保证每位学生都能听得清楚，从而起到正音、正调，提高学习兴趣的目的。

（四）对语音教学的长期性认识不够

英语教学是从语音教学开始的，但这并不意味着语音教学只存在于英语教学的初期。事实上，语音教学应该贯穿于整个英语教学之中。这点常为一部分教师所忽视，导致学生的语音越来越差。高年级学生反而不如低年级学生敢于开口讲话。这些问题的产生都和教师对语音教学的长期性认识不够有很大的关系。因为语音是一种技巧性能力，“久熟不如常练”，语音的学习自然就需要经常练习。不仅要指导学生练习，教师自己也要不断地进行纠音和正调。当然，入门阶段以后的语音教学大多是融入语法、词汇、句型、课文教学和听、说、读、写训练之中的，虽然并不明显，但却体现了英语学习的综合性质和科学规律。

（五）学生的语音练习机会太少

语音练习机会少是英语语音教学中的一个显著问题，也是学生英语语音学习效果不佳的一个重要原因。要想解决这一问题，首先，要坚持听音在先，听清、听准、听够，然后再模仿发音或读音。其次，教师可在纠正语音的时候画龙点睛地讲一些语音知识和练习诀窍，如设计单音成组比较练习，音调、词调、句调结合练习，或英汉语音对比练习等。最后，教师还应注意学生普遍存在的语音问题，并有针对性地对学生进行发声指导，帮助学生纠正这些语音问题。

二、词汇教学中的问题

我国的英语词汇教学主要存在四个问题：教学方法单一、忽视学生的主体地位、与实际生活联系不够、缺乏系统性。下面我们就对这四个问题分别进行说明和分析。

（一）教学方法单一

词汇是学生在英语学习过程中最感头疼的部分。词汇的记忆和使用往往令学生感到枯燥、乏味。而综观我国的英语词汇教学可以发现，大部分教师依然采用传统的教学方法，即“教师领读—学生跟读—教师讲解重点词汇用法—学生读写记忆”。这种教学方法单调、乏味，学生处于被动的学习地位，这无疑加剧了学生对词汇学习的抵触情绪，词汇教与学的效果都不会太好。

面对上述问题，教师必须重视教学的改革，采用多样、有趣的词汇教学方法来调动学生的积极性，提高学生学习词汇的兴趣。例如，教师可以利用实物、多媒体等教具来呈现和讲解词汇，从而达到抓住学生的注意力，提高他们词汇学习的兴趣的效果。

（二）忽视学生的主体地位

随着英语教学的不断发展，越来越多的人认识到学生在英语学习中的主体地位。然而，这种主体地位在实际的英语教学中仍未得到很好的体现，词汇教学也不例外。词汇教学本应注重对学生智力的开发，重视对学生的观察力、记忆力、想象力、思维能力以及创造能力的培养。而现实状况却是“教师只顾教，忽视学生学”。教师大多采用“填鸭式”教学，将词汇的发音、意思、搭配等知识灌输给学生，要求学生死记硬背下来，而忽视了对学生主观能动性的激发。实际上，学生的词汇学习到达一定阶段后大多已经具备了一定的英语词汇基础，且有能力对相关的词汇规律进行归纳和总结。因此，教师不应继续“独揽霸权”，而应发挥引导作用，使学生逐渐能够独立思考和总结、发现词汇规律、掌握词汇学习的方法，这样的词汇学习才能更加长久、有效。

（三）与实际生活联系不够

词汇教学方法的单一导致词汇的呈现、讲解大多局限在黑板和教师的口头讲述上，这也意味着其与实际生活的联系也十分微弱，而不能使词汇学习与学生的实际生活联系起来就难以引起学生的词汇学习兴趣，也无法因材施教。

为解决这一问题，教师就要将词汇教学和实际生活多加联系。例如，教师可将所授词汇放在一个真实的语境中来呈现或讲解，也可以适度扩展一些学生感兴趣的词汇，还可以补充一些和所教词汇相关的课外内容，并做适当引申。学生只有认识到所学词汇的实用性，才会产生强烈的学习动机，词汇学习的效果才会更好。

（四）缺乏系统性

英语词汇的教与学都可以按照一定的系统来开展。把握好这种系统性有助于加强词汇之间的联系，从而提高词汇教学的效率和效果。然而，目前我国大多数的英语词汇教学都严重缺乏这样的系统性。肖礼全曾指出，从小学到中学再到大学，所有的英语课本所包含的课文，其内容的主题都没有一个系统可循，几乎每一册课本都可能包含十个甚至更多的主题，如生活常识、人物事件、生态环境、旅游观光、社会道德、天文地理、历史经济等。由于这些课文没有共同的主题，其所包含的词汇也就缺乏共同的纽带和轴心，学生能够依附的知识体系繁杂，因而也就无法形成一个可以展开或聚合的体系。这就容易导致学生在应用、记忆、复述、联想这些词汇时陷入一种无章可循的散乱状态，最终导致学生的英语词汇学习效果不佳。

要解决这一问题，教师就应将词汇教学纳入知识系统学习的轨道，用专门的知识系统来引领和组织英语词汇学习。例如，定期按照一定的标准（如相同主题、反义关系、相同语境等）对所学词汇进行归纳总结，这样学生才能更加有效地理解和使用词汇，词汇教学才会取得更大成效。

三、语法教学中的问题

语法是构筑一切语言的奠基石，是语言教学和考试中必不可少的部分。语法教学效果的好坏直接关系到学生对语言的理解和应用能力的高低。就我国目前的英语语法教学现状来看，其中存在五个问题：教学环境差、教学方式单一、教学时间不足、语法地位降低、教学缺乏系统性。下面我们就对这五个问题分别进行说明和分析。

（一）教学环境差

语言环境对语法教学的影响很大：若语言环境有利，则便于学生在真实的语境中理解和使用语法；若语言环境不利，就会对语法教学造成很大的阻力。在我国，英语教学是在汉语的环境下进行的，而英汉两种语言又分属于不同的语系，这就使英语语法教学处于一个不利的语言大环境之中。另外，国内大部分英语语法课堂教学中，教师大多采用汉语授课，更加大了语言环境的不利影响。学生在缺乏语境的情况下，对语法的理解和掌握不够深刻，只能机械地记忆教师教授的语法条目，却无法真正掌握其使用方法，以致错误频出。要想解决这一问题，教师应尽量用英语授课，并注意结合真实的语境来教授语法，便于学生的理解、记忆和使用。

（二）教学方式单一

“先讲语法规则，后做练习”是我国英语语法教学中最常使用、甚至是唯一的教学方法。然而，这种教学方法使学生处于被动地接受地位，无法调动学生学习的积极性。这种教学方法往往会令学生感觉好像听懂了、会用了，可是要使用的时候又感觉很陌生，总是遇到这样那样的问题。尤其是当几个语法现象共同出现的时候，学生往往就会不知所措。因此，面对复杂而繁多的语法条目，教师务必要注意教学手段的多样性，以激发学生的学习兴趣，深化学生对语法条目的理解，实现语法教学效果的最大化。

（三）教学时间不足

在缺乏英语大环境的基础上，我国英语语法教学要想取得成绩，主要靠课堂教学效果。然而，英语课堂教学除了涉及语法教学以外，还涉及语音、词汇、听力、口语、阅读、写作、翻译方面的教学，这样一来，用于语法教学的时间就少之又少了。教学时间的不足也是制约英语语法教学效果的一个重要因素。

要想解决这一问题，我们不能硬从其他语言知识和技能的教学中挤时间，而应将语法教学与听、说、读、写、译的教学融合在一起，这样就大大增加了语法教学的时间和效果，同时也不影响语言技能的教学，可谓一举两得。

（四）语法地位降低

近几十年间，英语语法教学经历了从“天上”到“地下”的巨大变化。早些年，语法教学是整个英语教学的重点，甚至还有教师将二者等同起来。一时间，语法教学的地位“无人能及”。然而随着由此观点指导下的英语教学弊端逐渐暴露，大量淡化英语语法教学的现象也随之逐渐显露。导致这种现象产生的原因有两方面：有人认为，学生小学就开始学语法，到大学阶段语法学习已基本完毕，无须重复；还有人认为，试卷中考查语法的题目较少，分值比重也很低，不值得花费太多的精力去学习。事实上，这两种观点均失之偏颇。下面我们就对这两种观点分别进行评述。

第一种观点将语法学习的时间长短和学习内容的多少、学习效果的好坏等同起来，这是不正确的。学习时间长并不代表学到的就又多又好。即使学生掌握了初、高中全部的语法内容，也并不意味着他们能够理解所学语法项目的全部用法。因为中学阶段的很多语法项目有时并不适用于大学阶段遇到的一些语法现象。例如，中学时期学习的条件状语从句的使用要求是“从句用一般现在时，主句用一般将来时”。但是当学生日后遇到类似下面的句子时，就会难以理解。

If he should fail to come, ask Marshall to work in his place.

本例中，从句动词一律采用“should + 不定式”的形式，而主句动词则可根据语义意图采用不同的形式。其中，should 表示一种不太肯定的婉转口气，并不影响条件的真实性。条件状语从句的这种用法在初、高中时期并不多见，学生仅靠对条件状语从句的一般认识是无法彻底理解本句含义的。

由此可知，尽管很多语法项目看似学过，但却往往包含了多种用法和意义。这些用法和意义显然无法在英语学习的初级阶段就全部学到。如果学生不能深入、持久地学习和更新语法知识，就很难理解那些看似熟悉的语言现象。

第二种观点本身就是目光短浅、只见表面不见本质的。尽管英语考试中直接地考查语法的题目所占分值不高，但作为语言构成的基础，语法无论是对英语学习还是对英语考试而言都具有极为重大的意义。这是因为，任何句子的分析和理解都离不开语法。无论是听力、口语、阅读、写作还是翻译，没有扎实的语法基础，学生就可能听不懂、说不对、看不明白、写不出来、翻译错误甚至翻译不出来。可以说，英语测试就是建立在语法基础上的，对学生语法的考查其实贯穿了英语考试的始末。

（五）缺乏系统性

语法教学系统性的缺乏体现为，学生虽然对个别语法条目非常熟悉，但却对与之相关的语法条目及其之间的差别与联系没有一个鲜明而完整的印象。例如，有一定英语基础的学生都能说出一些语法名词，如现在分词、过去分词、一般现在时、一般将来时、虚拟语气、独立主格等，但是如果让学生回答英语语法中有多少词类、几种时态、几种语态等问题，他们往往回答不上来。这种系统性的缺乏对学生全面、深刻地理解和使用语法知识而言是极为不利的。要想解决这一问题，教师应在语法教学过程中，对学过的语法项目多加总结，以帮助学生形成一个完整的语法体系概念。

第三节　英语听、说教学中的问题

一、听力教学中的问题

我国英语听力教学中存在的问题主要有：学生畏惧听力、听力基础薄弱、教学模式单一、缺乏适度引导、听力时间不足、教材现状不佳。下面我们就对这几个问题分别进行说明和分析。

（一）学生的问题

1. 畏惧听力

听力是一种综合的语言能力。听力技能的培养涉及理解、概括、逻辑思维、语言交际等能力的培养。但在实际英语听力教学中，很多学生因为跟不上语音材料的语速，且思维缓慢，而不能使听到的语音转化成实际的意义，因而听力效果不佳。也正因如此，学生对听力学习总是心存畏惧。

2. 听力基础薄弱

学生听力基础的薄弱体现在多个方面。

（1）英语基础功底差。很多学生即使到了大学阶段，所掌握的词汇量、语法仍然十分有限，对语音的识别能力还很欠缺。这些都直接成了听力的重大障碍。

（2）缺乏英美文化知识。听力材料中不可避免地会包含一定的文化信息，而学生对英语国家的历史文化、自然地理、风土人情、思维方式、行为习惯等不了解，就势必会影响听的效果，甚至会产生错误的理解。

（3）不良的听力习惯。我国的英语教学具有很强的应试性，这种环境不利于学生养成良好的听力习惯。另外，学生在课外也很少练习听力，因而导致他们的听力能力欠佳。

以上这些听力基础的欠缺积累在一起也会导致学生产生怕听的情绪。

（二）教师的问题

1. 教学模式单一

当前我国英语听力教学多采用“听录音—对答案—教师讲解”的教学模式。这种模式下的听力教学不仅缺乏对学生的有效监督，而且忽视了学生对于语篇的整体理解，只是毫无目标地、机械地播放录音，一遍不行就放第二遍、第三遍，教师盲目地教，学生盲目地听，丝毫无法产生听的兴趣，教学效果自然不佳。

2. 缺乏适度引导

在应试教学的影响下，英语听力教学也多是围绕考试这个指挥棒而转的。教师大多将教学重点放在如何应付考试上，以考试的方式训练学生的听力能力，不对学生做任何引导就直接播放录音。这就很容易使对生词、相关的知识背景等尚不熟悉的学生在听的过程中遇到种种障碍，不仅降低了听的质量，而且使学生产生挫败感，因而对听力学习失去信心和兴趣。

与之相反的是，有的教师总是在播放录音之前对学生进行过多的引导，不仅介绍了生词、句型，还将材料的因果关系等一并介绍给了学生。这样一来，学生即使不用仔细听，也可以选出正确答案，这就很难激起学生听的兴趣，听力教学也就失去了意义。

由此可见，如何对学生进行适度的引导是关系听力教学质量的一个重要问题，太多或太少都会影响教学效果，教师应根据实际情况进行把握。

（三）教学条件的问题

1. 听力时间不足

大多数学生很少在课下积极主动地练习听力，因此，听力学习的时间主要集中在课堂上。而一节课时间有限，不可能全部用于听力，因此，学生能够听的时间其实很少。而听作为一种综合性技能，它的提高并非是一朝一夕能够实现的，这就使得学生听力水平提高缓慢。

2. 教材现状不佳

教材是教学得以开展的重要依据，对教学大纲以及练习的设计和安排有着直接的影响，对教学活动的开展起着关键的作用。好的听力教材不仅可以丰富学生的文化素质，还可以开阔学生的视野。但我国很多学校使用的听力教材存在内容陈旧、编排不合理等问题，不能反映迅速变化的时代，也无法体现最新的教学思想和教学方法，这也是我国英语听力教学效果迟迟得不到提升的一个重要原因。

二、口语教学中的问题

随着经济、科技、政治等各方面的全球化发展，人们需要用英语进行交际的机会也日益增加。口语教学引起了越来越多的人的重视，而我国学生的英语口语交际水平与实际的需要还相差很远，“哑巴”英语现象普遍存在。造成这一现象的主要原因在于英语口语教学中存在诸多问题。下面我们从学生、教师、教学条件三个方面来分析英语口语教学中存在的问题。

（一）学生的问题

1. 语音不标准，词汇匮乏

受汉语语言环境的影响，语音基础不好的学生有的发音不准，影响了语义的表达；有的带有地方口音，听起来十分可笑；还有的不能正确使用语调、重音等，直接影响了英语口语语音语调的标准性。另外，由于缺乏练习，学生往往很难将学到的词汇用在口头表达中，而造成无话可说或不知如何去说的尴尬。

2. 心理压力大，缺乏自信

受应试教育的影响，初、高中的英语教学将重点放在了阅读和写作的训练上，而忽视了英语口语的教学。这就使学生即使日后意识到了口语的重要性，也总是心虚、不自信。虽然有些学生的口语能力不像他们想象的那么差，却仍然不愿意开口说英语。即使有一小部分学生愿意做口头交流，也总是带有紧张不安的情绪，担心自己说错、被批评、被耻笑，更不要说那些发音不好的学生了。这些负面的情绪和压力对学生口语能力的提高显然十分不利。

（二）教师的问题

1. 教学方法滞后

我国的英语口语教学是作为英语整体教学的一部分出现的，而并未被独立出来进行专门教授，因此英语整体教学中存在的问题也直接体现在口语教学上，其中教学方法滞后就是一个重要的问题。口语教学中，教师也习惯性地采用传统的“讲解—练习—运用”的教学模式。这看似体现了教学的规律，实际上却制约了学生说的积极性。在此教学模式下，学生只能被动地接收教师所讲授的词汇和语法知识，在没有语境的情况下做大量机械的替换、造句等练习，这样根本无法有效地锻炼口头表达能力。

2. 汉语授课

提高英语口语能力的一个重要方法就是多听、多说。然而，很多英语教师考虑到学生的英语水平参差不齐，为了使所有学生都能跟得上教学进度，而不得不放弃英语授课，这无疑恶化了英语使用的环境，减少了学生用英语进行交际的机会。另外，为了追赶教学进度，应付大学英语四、六级考试，教师也多用汉语讲授知识点。

（三）教学条件的问题

1. 课时不足

口语教学的一个显著而直接的问题就是教学时间得不到保证。口语能力的提高需要花费大量的时间，进行大量的实践，而我国的口语教学被纳入英语整体教学之中，教学多重形式、轻运用，因此口语教学未能得到时间上的保证。

以高校使用的英语教材《新编实用英语综合教程》为例，该教材主要包括听、说、读、写、译五项内容。每个班级若按 45 人计算，加上学生参差不齐的英语水平，那么即使分配给口语课 2 个小时，也显然不足以有太大的“作为”。可以说，教学时间的不足是英语口语教学的硬伤，直接导致了学生的口语能力低下。

2. 缺乏配套教材

有调查显示，我国众高校非英语专业的英语教材大多按精读、泛读、快速阅读、听力等单项技能分册发行，而专门的口语教材却十分少见。大多数教材都将口语训练当作听力训练的延展而附在听力训练之后，其内容也多简短、缺乏系统性。这是很难达到英语口语教学在整个英语教学比重标准的，同时也会使学生误以为口语不那么重要，因而从思想上轻视口语学习。而市场上为数不多的口语教材也多难以担当重任。因为这些教材要么是专门针对某一专业、领域的口语教材，难度极大；要么是有关简单的问候、介绍、谈论天气日常用语的教材，过于简单，无法满足社会各领域对相应口语能力的要求。由此可见，配套教材的欠缺是制约口语教学效果的一个重要因素。

3. 口语评估制度欠缺

评估可以检验教学的质量，是教学中不可或缺的重要环节。我国最常使用、影响最大的评估方式就是考试。例如，小学、初中、高中都有相应的期中、期末考试，大学有英语四、六级考试。然而，这些考试多是对学生听力、阅读、写作、翻译技能的检测，而无法考查学生口语学习的质量。而专门用于检验口语水平的测试少之又少。造成这一现状的原因在于，口语考试的实施与操作都有一定的难度，如口语测试材料难易程度的把握、考试形式的信度与效度等问题。对此，大学英语四、六级考试委员会在全国部分省市实施了大学英语口语考试，并规定了统一的等级评审标准。显然要想切实提高教师和学生对口语的重视程度，提高口语教和学的质量，仅仅增加大学四、六级口试是远远不够的，但大学四、六级口试制度的出台对于完善英语口语评估制度无疑提供了良好的示范作用。在此指引下，我国将来势必会推出更多、更科学的口语评估方式。

第四节　英语读、写、译教学中的问题

一、阅读教学中的问题

阅读教学看似简单，实际上也存在很多问题，主要包括教学观念错误、教学方法滞后、教材设计不科学、课程设置不合理。下面我们就对这几个问题分别加以说明。

（一）教学观念错误

培养学生快速从语篇当中正确获取所需信息的能力是阅读教学的目的，而在实际的英语阅读教学中，这一目的已被很多教师曲解了。他们经常将阅读教学混同于词汇教学、语法教学。阅读教学中，教师常常过分重视语言知识的传

授，抓住一个单词、语法点大讲特讲，阅读教学呈现出“讲解生词—逐句逐段分析—对答案”的错误形式，而忽视了学生对语篇的理解、从语篇中获取信息能力的培养。造成这一问题的根本原因就在于对阅读教学的观念错误，对阅读教学的目标认识不清，因而导致了阅读教学成为语法、词汇教学，学生阅读速度慢、质量差的情况并未得到改善。对此，英语阅读教学必须更正教学观念，将阅读作为一种实用的语言技能进行教授，不仅要传授学生语言知识，更重要的是传授他们语篇和文化知识，同时还要注意提高学生的思考能力、分析能力、判断能力，拓展学生的视野，激发学生对英语阅读、英语语言以及英语文化的兴趣，提高他们英语的综合运用能力和人文素养。

（二）教学方法滞后

教师大多让学生自己阅读完后做题目，然后领着学生对答案，再对错题进行讲解。这种教学方法的应试性比较高，因而显得十分死板，学生的阅读习惯、阅读技巧等均得不到培养，主体地位得不到突出，主观能动性未得到很好发挥，阅读的实际需求也得不到满足，学习兴趣更得不到培养，最终致使阅读教学收效甚微。尤其是在一些教学条件落后的偏远地区，英语教师对阅读教学的重视不够、研究不足、实践不多，以致难以形成科学、高效的教学方法，大大影响了阅读教学的质量。

（三）教材设计不科学

不同阶段的英语阅读教学会使用不同的教材，这些教材本身大多已经十分成熟，但不同阶段的教材之间却缺乏必要的连贯性，这也是英语阅读教材存在的最主要的问题。具体来说，小学阅读教材注重词汇，中学阅读教材注重语法，大学阅读教材则注重阅读技能的训练。虽然这三个时期的教材各有侧重和针对，符合学生认知和阅读学习的规律，但由于每个阶段结尾与下一阶段的开始缺少必要的承接和过渡，学生一下子很难跟上进度，从而造成阅读教与学的脱节。

（四）课程设置不合理

阅读课程设置不合理也是影响阅读教学质量的一个重要问题。很多学校、教师错误地认为阅读教学是英语教学的附属品，导致阅读课程教学目标、教学计划不明确，阅读教学的课时、课程设计、师资力量及教学组织都得不到保证，直接影响了阅读教学的效果。

二、写作教学中的问题

写作教学一直以来都是英语教学的重点，因而相较于其他英语技能而言，发展得更为充分。但其中也存在不少的问题，如教学缺乏系统性、形式重于过程和内容、教与学相互颠倒、重模仿轻创作、课程设置不合理、缺乏相关教材、批改方法不恰当、教学改革滞后。下面我们就对这些问题分别进行说明。

（一）教学缺乏系统性

教学缺乏系统性主要表现在三个方面：教学目标不系统、教学方法不系统及写作指导思想不系统。

1. 教学目标不系统

任何一种技能的学习都不是一蹴而就的，其教学也不可能取得立竿见影的效果。因此，英语写作技能的培养也需要一个循序渐进的过程。这种循序渐进首先就要体现在教学目标的系统性上，这是实现英语写作目标的基本保证。

英语写作目标缺乏系统性是因为总体目标（即针对学生的生理、心理特征，结合写作教学的自身规律，并在英语课程要求中明确规定的总体任务）与阶段性目标（即根据总体目标制定的一系列的阶段性目标）之间互不协调，总目标与子目标之间连贯和衔接的科学性严重缺失。造成这一现状的原因可能是显性目标与隐性目标系统不平衡导致的，也可能是教师对写作的目标体系与学生实际写作之间关系的模糊认识所造成的。无论是什么原因，这种写作总体目标与阶段目标的不协调显然会影响目标的实现。因此，学校、教师都必须克服这些不利因素，把握好英语写作教学的总体目标和阶段性目标。

英语写作教学目标之所以难以实现，一个主要的原因就是教师对英语写作教学目标与学生实际之间关系的认识不清。事实上，目标是教师和学生对学习结果的期待，是一个未实现的状态，因此教学目标与学生的实际之间必然存在一定的差距，适当的差距对学生写作能力的提高而言是有利的，而过大或过小的差距则不利于学生写作能力的提高。基于这一点，英语写作教学可被视为帮助学生向目标逼近的过程。英语教师和学生可以借助目标与实际之间的距离，设定一些教学或学习步骤，并熟悉实现每一环节目标的条件、困难和可能性。否则，一旦教师对写作教学的目标与学生实际之间的关系和意义认识不清，就会导致行动和反应上的迟缓，直接影响写作教与学的质量。

2. 教学方法不系统

英语写作教学系统性不足还体现在教学方法上。所谓方法，就是一种对活动程序或准则的规定性，是一种能够指导人们按照一定的程式、规则展开行动的活动模式。系统性是英语写作教学方法的内在规定，是有效运用教学方法的重要基础。离开了系统，教学方法也就失去了意义和价值。这是因为，教学方法实际上是整个教学系统的一个子系统。它与教学目的、教学内容以及师生间的互动均联系密切：没有明确的教学目的，写作教学就会迷失方向；而脱离了教学内容，教学方法也就毫无意义；缺少了师生之间的互动性和双边性，教学方法也就没有了价值。因此，不同的教学目的、内容、师生关系应该对应不同的写作教学方法和运作。不同的内外条件，写作教学方法的系统运作会呈现不同的水平和层次。因此，英语写作教学方法的运作必须根据教学系统中的各项组成部分来实施，否则就会造成种种矛盾和冲突，影响写作教学的效率。而对照我国英语写作教学中所使用的教学方法可以看出，这些方法大多是无效的、失败的，因为它们大多不系统、不连贯，缺乏针对性。

3. 写作指导思想不系统

写作指导思想是否系统对写作教学质量的影响极大。写作技能和写作能力的生成虽然需要通过大量的练习来获得，但多练不等于泛练。如果写作练习缺乏目的性，即使花费很多时间也是无用的。另外，从遣词造句到段落和篇章的生成，从撰写记叙文到写议论文，从构思、行文到修改，整个写作是一个由浅入深的系统操作过程。因此，教师对学生的指导也应具有系统性。然而，我国的英语写作教学大多缺乏这样一种系统性。教师教的时候以及学生写的时候都没有一个明确的目标，更没有一个长远的规划，而是跟着教材随机地教授写作方面的知识和技能，这就大大降低了写作教学的效果。

（二）形式重于过程和内容

长期以来，我国英语写作教学一直存在重形式、轻过程和内容的问题，导致这一问题产生的原因如下。

1. 欠缺英语思维

英语写作教学中，教师往往强调学生要用英语思维来写作，避免使用中式英语。然而要做到这一点很难。毕竟对中国学生来说，英语是一种外语，汉语才是母语。学生的汉语思维模式已经根深蒂固，要想使英语思维成为习惯是极为不易的。

另外，很多人认为，英语写作中侧重语言形式的作用是必然的。所以，在英语写作教学中，重视文句的规范性与文章结构，忽视文章的内容和思想的现象仍然大量存在。部分教师也将文章结构和语言形式看作写作教学的主要内容。而初学写作的学生更是将学会把握文章结构和形式视为写作学习的终极目标。这些最终都使写作的教与学流于形式，很难触及写作的核心。

2. 受历史传统影响

在早期的英语写作中，为了快速写出一篇符合要求的英语文章，人们常常模仿类似文章的语言形式和文章结构来写作。久而久之，教师和学生都将形式作为英语写作教学的重点，而忽视了写作的过程和内容，使写作变成了一种模仿，而非创造。

事实上，内容和过程对于写作来说也是很重要的。一篇好的文章应该具有丰富、深刻的内容，而这些内容仅仅靠对形式的模仿是无法实现的。语言的形式和文章的结构仅是作者表达思想和情感的一种手段。学生能否把握文章的结构和格式固然重要，但如果过分强调它们的作用显然并非好事。因为文章的思想和观点是写作和写作教学的根源，而文章结构和语言形式则是写作和写作教学的支流，根源上得不到保证，支流显然就失去了存在的基础。因此，英语写作教学必须处理好源与流、本与末、主与次的关系，在注重写作形式教学的同时还要重视写作内容的教学以及学生写作能力的培养。

（三）教与学相互颠倒

写作教学也并非一种知识性课程，学生的写作技能无法靠教师的讲解来获得。原因如下。

（1）写作是一种实践性活动，涉及写作的技巧和能力。因此，写作教学应该以学生的实践和操练为主，以教师的知识传授为辅。

（2）写作教学的目的在于提高学生的写作能力，因此写作应该是一种学生个体的活动，从构思、写作到文章修改，都应该使学生参与其中，教师过多讲解只会耽误学生的写作时间，进而影响学生写作的积极性和主动性。

然而，我国英语写作教学一直存在教与学相互颠倒的现象，主要体现在以下两个方面。

（1）写作教学中仍存在教师大量讲解理论知识的问题，使学生尤其是初学写作的学生，很容易觉得写作枯燥、无用，产生厌倦、畏难等情绪，因而丧失写作的兴趣，最终影响英语写作教学目标的实现。

（2）教师常以自己的写作经验为基础来指导学生写作，常用一些不恰当的话语指令或规则指导学生，剥夺了学生的话语权，限制了学生的独立思考，简化了学生写作过程的心理体验，遏制了学生写作的创造性，使他们产生盲从的心理。这显然颠倒了写作教学中的师生地位，而且也很容易使学生在写作过程中在构思、行文和情感体验上出现雷同现象，使其写作创造能力得不到真正提高。

（四）重模仿轻创作

重模仿、轻创作是我国英语写作教学的一大弊病。尽管模仿是写作教学的起始状态，也是学习写作的必经阶段，更对我国学生（尤其是初学英语写作的学生）学习写作起到了促进作用，但模仿并非写作的最终状态。它虽然能够提高学生写作学习的效率，但过度的模仿并不利于学生写作能力的持续发展。因为写作不仅是一种个体的心智行为，更是一种创造的过程。从构思、行文到修改，写作过程始终体现着作者的个性特点与独立思考能力。写作过程中的意义和价值都是由学生创造而来的，一味地模仿必然会抑制学生的写作积极性与主动性，进而影响学生的写作动机和兴趣。

（五）课程设置不合理

我国的英语写作教学是被纳入英语整体教学之中的，未被独立出来进行专门教授。这就很容易因为课时有限而无法花费太多的时间来组织学生写作。久而久之，学生也会误以为写作学习不重要。如此一来，不仅写作教学本身得不到时间上的保障，学生也会产生轻视写作的思想。

（六）缺乏相关教材

目前我国的英语教材大多是集语音、词汇、语法、听、说、读、写、译于一体的综合性教材，关于“写”的专门教材相对较少。即使在英语整体教学中，虽然几乎每个单元都会涉及写作的练习，但却并未形成一个科学的系统，同时也缺乏一定的指导，学生的写作练习也多处于被动地位，这对写作学习而言是极为不利的。

（七）批改方法不恰当

作文批改的方式方法也是写作教学中存在的一个显著问题。很多教师在批改作文时，重点仍然放在纠正拼写、词汇以及语法等方面上，而忽略了学生在写作过程中思维能力的培养，这会使学生过分追求写作时的语言正误，而忽视了对文章结构、逻辑层次的把握。

另外，教师对学生作文的批语也同样重要。有的教师一味指责学生写作中的错误，而缺少鼓励，这会打击学生写作的主动性，导致他们对此消极应付、望而生畏。

（八）教学改革滞后

随着英语教学改革的不断深入，英语教师对写作教学也有了一定的新认识。尽管如此，英语写作教学方面的改革仍然相对滞后。学生英语思维能力的多方位、多角度、发散性、创造性、广阔性和深刻性仍然没有得到足够的重视和训练。除此以外，作为英语教学的一部分，写作应和阅读、口语、听力、翻译等方面的教学有机地联系起来，而在实际的英语教学过程中，教师并未真正把写作教学与其他方面的教学融合在一起，而是孤立地教授写作，不利于学生对英语学习的全面认识，也不利于学生对写作学习的深入了解。

三、翻译教学中的问题

除听、说、读、写以外，翻译也是英语教学必不可少的一个重要组成部分。但在英语翻译教学中存在着很多的问题，既有教师方面的问题，也有学生方面的问题。教师方面的问题主要包括教学方法落后，对翻译教学重视程度不够；学生方面的问题主要包括翻译时“的的不休”，语序处理不当，不善增减词，不善处理长句。下面我们就对这些问题分别进行说明。

（一）教师的问题

1. 教学方法落后

教学方法是英语翻译教学的一个软肋。实际的英语翻译教学中，教师常采用“布置翻译任务—批改作业—讲评练习”的方法开展教学。由此步骤可以看出，后面两个步骤都是由教师完成的，学生真正参与的只有第一个步骤。这就使学生处于翻译学习的被动地位，整个学习过程没有发挥主观能动性，而是被教师牵着鼻子走，这显然会使翻译教学的效果事倍功半。

2. 对翻译教学重视程度不够

对翻译教学的重视程度不够主要体现为以下几个方面。

（1）翻译教学中，教师往往不注重翻译基本理论、翻译技巧的传授，仅仅将翻译作为理解和巩固语言知识的手段，将翻译课上成另一种形式的语法、词汇课。

（2）学生做完翻译练习后，教师大多只是对对答案，对翻译材料中出现的课文关键词和句型等进行简单的强调，而缺乏对学生进行系统的翻译训练。

（3）就时间而言，教师花在翻译教学上的时间很少，通常是有时间就讲，没有时间就不讲，或只当家庭作业布置下去，由学生自己学习。

（4）英语教学大纲中对翻译能力培养的要求不具体。

（5）英语考试中虽然包含翻译试题，但其所占的比重远远不如阅读、写作等。

以上这些问题最终致使翻译教学质量迟迟得不到提高。

（二）学生的问题

1. 翻译时“的的不休”

在实际的翻译操作中，中国学生每每看到英语形容词就自然而然地将其翻译成汉语的形容词形式，即“……的”，导致译文“的的不休”，读起来很别扭。如下所示。

The decision to attack was not taken lightly.

原译：进攻的决定不是轻易做出的。

改译：进攻的决定经过了深思熟虑。

It serves little purpose to have continued public discussion of this issue.

原译：继续公开讨论这个问题是不会有什么益处的。

改译：继续公开讨论这个问题没有益处。

2. 语序处理不当

英语句子通常开门见山地表达主题，然后再逐渐补充细节或解释说明。有时要表达的逻辑较为复杂，则会借助形态变化或丰富的连接词，根据句子的意思灵活安排语序。相比较之下，汉语的逻辑性较强，语序通常按一定的逻辑顺序（如由原因到结果、由事实到结论等）逐层叙述。这种差异意味着将英语句子翻译成汉语时必须对语序做出适当的调整。而很多学生意识不到这一点，译文也大多存在语序处理不当的问题，读起来十分别扭。

如下所示。

The doctor is not available because he is handling an emergency.

原译：医生现在没空，因为他在处理急诊。

改译：医生在处理急诊，现在没空。

3. 不善增减词

由于语言、文化等方面的差异，翻译时不可能也没必要完全拘泥于英语形式，即逐字逐句地翻译原文。事实上，根据原文含义、翻译目的等方面的不同，译文可根据实际需要而适当增减词。而很多学生并不明白这一点，因而其译文大多烦冗。如下所示。

Most of the people who appear most often and most gloriously in the history books are great conquerors and generals and soldiers.

原译：在历史书中最常出现和最为显赫的人大多是那些伟大的征服者和将军及军人。

改译：历史书上最常出现、最为显赫者，大多是些伟大的征服者、将军和军人。

4. 不善处理长句

英语中不乏长而复杂的句子，这些句子大多通过各种连接手段衔接起来，表达了一个完整、连贯、明确、逻辑严密的意思。很多学生在遇到这样的句子时往往把握不好其中的逻辑关系，也不知如何处理句中的前置词、短语、定语从句等，因而译出的汉语句子多不符合汉语表达习惯。如下所示。

Since hearing her predicament, I've always arranged to meet people where they or I can be reached in case of delay.

原译：听了她的尴尬经历之后，我就总是安排能够联系上的地方与人会见，以防耽搁的发生。

改译：听她说了那次尴尬的经历之后，每每与人约见，我总要安排在彼此能够互相联系得上的地方，以免误约。

第三章 信息技术环境下的应用型大学英语教学

第一节 信息技术与应用型大学英语教学的生态整合

一、信息技术与应用型大学英语教学整合的内涵

信息技术和英语教学的整合是教育界发展的必然趋势，所谓信息技术与应用型大学英语教学的整合就是以素质教育为主体，将信息技术贯穿于各学科教学中，从而促使学生和教师共同学习进步的一种工具。其具体是以教师为主导，充分发挥学生自主探究，创新合作的教学方式，从而调动学生的积极性和创造性，改变传统的以教师为主体的教学方式，让信息技术成为培养学生综合能力的主要途径，进而提升学生的综合素质。

大学英语课程教学改革始终走在我国高校外语教育信息化改革的前列，相关课程要求着重提出了基于计算机和网络的应用型大学英语教学模式——这是我国首次以方针性的文件明确指出信息技术在外语教育体系中的重要地位，正式提出了信息技术和外语课程整合的概念。随着我国大学英语信息化教学改革的逐步深入，大学英语生态化教学体系建设取得了一系列的成果，体现为以下几点。

（1）信息技术与大学英语课程整合后，传统“理论 / 方法 + 课程 / 教材”的二维教学模式逐渐被“理论 / 方法 + 信息技术 + 课程 / 教材”的新型立体教学模式所取代，信息技术的有益补充是新型应用型大学英语教学体系的一个重要特征。

（2）信息技术与大学英语课程整合后，教学环境变得更加真实、丰富，师生关系、生生关系以及师生与教学环境之间的关系也都在发生着积极的变化。

（3）信息技术与大学英语课程整合后，应用型大学英语教学理念发生了变化，以教师的“教”为中心的单向灌输型课堂，逐渐被教学并重、强调培养学生自主学习能力的多元互动型课堂所替代。两者的整合不仅有益于生态化教学体系的建立，更有助于我国外语教育生态系统的形态、结构和功能进行积极的调整，增强了信息技术在应用型大学英语教学体系中的作用。

二、信息技术与应用型大学英语教学体系的生态失衡现象

（一）整合理念与大学英语“最适度性”原则的失衡

为解决教学资源短缺、师资紧张的问题，许多高校被迫扩大班级规模。如此一来，教师在应用型大学英语教学过程中就无力关注学生的个体发展需求，故因材施教的个性化教学理念成为空谈，违背了教育生态学的最适度原则。为保证教学效果，大学英语大班教学多采用多媒体教学模式。然而，信息技术并未真正融合于大学英语课堂之中。

（1）教学班级庞大、教学任务繁重使得教师无力借助多媒体、互联网等手段组织丰富多彩的课内外教学活动。

（2）许多大学英语教师特别是较年长的教师，受限于自己的教学理念和信息技术的操作水平，多媒体教学设施的引入并未从本质上改善其教学组织手段，“以学生为中心”的教学理念并未真正实施。

在这样的英语教学环境中，知识的流动仍然是单向的，师生、生生、教学环境等生态因子之间缺乏必要的信息交流和情感互动，不利于学生的个性发展和自主学习能力的培养，影响了复合型英语人才培养目标的实现。

（二）整合理念与大学英语评价体系的失衡

教学评价是所有教学设计中的最后环节，是应用型大学英语教学体系的一个重要环节。然而，许多高校的应用型大学英语教学评价仍采用“期末成绩+平时成绩”的单一终结性评价模式，忽略了计算机教学管理软件等信息技术在评价体系中的重要作用。这种评价方式存在评价主体单一、主观性强、缺乏对教学的反馈、与未来工作环境需要脱节等问题，不利于学生个体的全面、和谐发展。因此，构建生态化应用型大学英语教学评价体系，应该改变过去单一的教学评价模式，发挥信息技术的积极作用，尊重学生个体发展的差异性。

三、整合信息技术与应用型大学英语教学体系，维护教育生态平衡

（一）大学英语生态课堂机制建设

作为大学英语生态教学体系的微观层面之一，个性的、互动的、开放的大学英语课堂生态体系的构建程度将直接影响应用型大学英语教学体系的生态平衡状况。大学英语教师要善于借助信息技术打破传统的“平面”课堂，构建数字化、网络化、智能化、人性化的“立体”课堂，建立真实的语言学习环境，加强师、生、环境之间的多向信息流动，强化课堂学习与课外实践的关联性，还大学英语课堂以勃勃生机。

（二）利用信息搜集工具完善应用型大学英语教学目标

在生态化应用型大学英语教学体系中，虽然教师和学生所处的地位、扮演的角色不同，但他们之间是相互依存、相互作用的，只有建立和谐平等的师生关系才能实现良好的教学效果。大学英语的教学目标是培养学生的英语综合运用能力、提高学生的综合人文素质，通过学习策略的培训增强学生的自主学习能力，满足我国经济社会发展的需要。需求分析是大学英语生态教学体系构建的一个重要环节，是各环节教学活动设计的基础。通过广泛的需求分析，学校和教师可以清楚地了解社会的需要和学生个体发展的需求，从而更好地确定大学英语培养目标，为“通识英语—专业英语”的线性教学实践做好准备。以多媒体、互联网为代表的信息技术的飞速发展，为开展需求分析提供了多种途径，如 E-mail、QQ 群、微信群等在需求信息搜集中发挥着重要的作用。

（三）利用信息加工工具设置大学英语课程

教师在确定应用型大学英语教学内容时，应结合学生的专业发展需要并借助信息技术对相关信息进行加工、分析，明确英语在学生未来工作中的使用场景和任务类型，从而有针对性地确定教学内容；教师在传授基础英语语言知识的过程中，课堂活动和实践（实习）活动的组织也应该模拟学生的未来工作任务，把语言训练与技能培养有机地结合起来。各高校只有以社会的发展需求和学生的个体发展需要为基础，科学地设置大学英语课程，才能实现高素质复合型英语人才的培养目标。

总之，21 世纪以来，以互联网和多媒体为代表的信息技术的飞速发展对人们的教育和学习理念产生了深远的影响，改变着传统大学英语教与学的环境、

师生关系，为大学英语的教与学提供了前所未有的发展空间。同时，这些改变打破了原有的应用型大学英语教学的生态平衡，引发了诸多的失衡现象。教育生态学作为一门新兴学科，体现了生态学思维和教育学理论的有机结合，强调教育实践活动中各生态因子间的和谐、平衡和可持续发展关系，它为诸多教育问题的研究提供了新的视角。为解决现代社会中信息技术应用领域所出现的诸多失衡问题，许多专家学者开始尝试从生态学联系的、平衡的和动态的角度来分析问题，探索构建平衡机制的解决方案。

第二节 信息技术环境下应用型大学英语微课程构建

微课教学作为近年来信息技术快速发展下衍生出的新型教学模式，其最大的特点在于将传统课堂中融入现代化信息教学内容、颠倒传统上课时间。在微课教学模式下，课前学生通过教师上传于互联网或在教育资源网站自行下载的信息化学习资料，进行随时随地的自主性学习研究，掌握丰富的课前预习内容，与不同教师、学生在网络中进行实时互动和交流，进而完成对新知识的学习以及旧知识的巩固。

一、微课的特点与优势分析

（一）微课视频时间较短

视频资源作为微课视频教学信息的核心传达方式，以视频的短小、精炼为主要特点。教育心理学理论研究发现，成年人注意力相对于未成年人更容易集中，但是集中时间长度不足，反之学习效果将大幅下降，严重影响教师教学质量。微课视频的时长普遍局限在十分钟到十五分钟甚至更短的时间内，在学习人员注意力高度集中、精神紧张的时间段完成全部的知识点、考点分析讲解，进而实现提高教学效果和质量的最终目的。

（二）微课视频内容清晰、突出重点

微课主要是针对教学全过程中重点内容、难点内容的讲解和分析，其关键在于点位知识内容完成度高，讲解过程简单易懂，在几分钟到十几分钟的时间内将重点和难点完全呈现在学习人员面前，有利于学习人员的理解和接受。微课教学所呈现出的教学内容清晰明确，能够很好地将重点突出，通过声音、图像等差异性表达方式的有机融合，将知识点的全部过程，包括细微情节全部展

现出来，在吸引学习人员注意力、激发其兴趣的过程中，使学习人员认清学习重点，帮助学习人员答疑解惑、排除疑问，帮助教师完成课堂中难以完成的教学目标。

（三）微课视频应用便捷

微课教学的重要载体是微视频，微视频又具有内容精简、时间较短的优势，通过信息技术环境下的互联网平台能够实现各种微视频的快速下载和学习，只要能上网的地方，准备一台移动智能终端或 PC 端便可获得符合自己需求的微课视频，只要有互联网的地方就能完成教师和学生、学生和学生之间的沟通交流。由此可见，微课还具有高效率、便捷性等一系列优势，并且受众群体的课堂不再受空间制约，使传统模式下的正式课堂转变为随时随地的移动课堂，无论学生身处何处，图书馆也好、公交车上也好，均可以利用微课自主学习的方式完成学习任务。

二、微课教学模式在应用型大学英语教学中的影响与作用

（一）激发学生学习热情，促进学生主动积极地进行英语学习

微课教学模式依托于互联网微视频，将图像、声音等各种信息传达方式结合为统一体。其一，微课教学模式能够为英语教师提供更加丰富、种类繁多的教学资源。其二，有利于激发学生对英语的学习热情和兴趣，通过视频学习的方式，弥补英语课堂中的种种不足，完成英语课堂难以实现的教学任务。具体而言，教师在以教学内容为基础，组织教学互动的实际过程当中，将课堂内需要讲授给学生的英语知识难点、重点制作成符合学生实际需求的微视频，以微视频的形式在课堂中播放给学生，转变传统教学模式以教师单方面说教为主的陈旧方法，以新颖、活泼的视频内容吸引学生的注意力，用短短几分钟的时间将知识重点展现出来，进而为学生留下大量讨论和自我思考的时间，使学生具备充足的时间去吸收和理解，加深巩固学习印象。同时，教师在利用微课进行英语教学的过程中，转变传统“灌输式”的教学方法，灵活安排视频播放时间，随时可以利用微课营造良好的教学氛围，继而实现学生学习兴趣、热情以及积极性的进一步强化。微课视频教学模式对于高校大学生来说，随着互联网、计算机等信息技术的快速发展，网络中各种类别的视频更新速度极快，大学英语课程不再是传统意义上的灌输式教学，也不再是乏味无趣的代名词，而是汇集图像、声音、文字于一体的、特色鲜明、有声有色的全新学习形式，微课不受

地点和时间的制约，只要有网络和简单的上网工具，便可随时随地享受英语学习带来的乐趣。此外，学生在进行微课学习的过程中，如果遇到没听懂、不理解的情况，还可以将视频进行反复播放，使自身突破英语学习瓶颈，充分感悟英语语言文化的独特魅力。

（二）实现高校之间的英语教学资源共享，提升教学资源质量

微课不但转变了高校英语传统教学模式，而且是各个高校英语教师重要教学成果的展现，是教育教学工作的关键组成部分。微课作为教师思想理念与从业经验予以展现的载体，不同英语教师讲解的微课所表达出的教学思想、教学方式、教学技巧及教学风格均存在一定的差异。在信息技术的宏观背景下，教师利用互联网信息平台将自身制作和主讲的微课视频上传于网络共享平台当中，在为学生提供自学便捷性自学条件的同时，还能够加强教师与本校其他教师之间、与外校教师甚至与国外教师之间的交流和资源共享，极大程度地拓展了高校英语教学资源的数量和种类，为教师提供了更为广阔的创新空间。信息时代互联网覆盖范围极为广阔，英语教师上传于网络平台中的微课教学视频随着击量、播放量以及其他影响因素指数的不断上升，将受到更多英语教师、英语学习人员以及社会其他领域人员的关注。反之，质量相对较差的视频将随之被淘汰。如此一来，英语微课教学视频资源的质量将会越来越高。

（三）总结优秀英语教师教学技巧，提高自身的英语教学水平

对于高校英语教师而言，既然采用微课教学模式，便必将涉及微课视频的准备工作，这也正是教师对教学内容进行再思考的绝佳时机，有助于教师以更加灵活的方式合理把控教学内容，有助于教师对教学环节的重新组织构建，是实现英语教学创新的有效举措。教师在进行微课视频制作或寻找的过程中，将对自己日常教学中存在的不足和缺点进行总结，并更加准确、完美地把内容呈现在视频当中。同时，其还可以主动学习其他英语教师的先进教学方法和技巧，探索优秀英语教师的教学思路、理念和范式，充分结合学生的实际特点和需求，最终总结融入于视频当中，实现教学实效性的提升。对于水平不同、层次不同的英语教师来说，微课教学的侧重点存在差异较大，如果一个刚刚走出校门的新英语教师利用微课教学模式，还能在归纳、制作视频资料时完成自我学习，巩固自身理论知识、学习他人教学方法，大幅提高自身英语教学的水平和质量。

随着全国高校教育改课、课程改革的不断深化与完善，应用型大学英语教学的改革步伐被快速推进。然而，传统教育理念、思想下的英语教学模式对高校、对英语教育工作者的影响极为深刻，要想实现英语教育的实质性改革难度较大，

对英语教师的教学能力、综合素养要求极高。在多重因素影响下，大量高校英语教学的改革并不能发挥出应有作用，相对于其他非语言类学科，英语科目的改革力量和成效更为薄弱。

首先，英语教师人数和英语教学任务总量划分并不合理。在国家高校全面扩招的背景下，我国高校在校学习人员数量呈指数上涨，同时英语作为大量本科类、专科类高校的基础性课程，需要面向全校学生进行统一性、针对性授课，任务量巨大，导致我国高校普遍存在英语教师数量不足的问题，再加之扩招影响下学生素质上的差异，形成了英语教师欲实现英语教学改革，却有心无力的尴尬局面。

其次，实践教学课时不足。由于高校人数的增加及教师人员数量的不足，教师在教学过程中为顾全大局、兼顾更多高校学生的英语学习，被动选择以教师讲授、灌输为主的传统教学模式。学生学习英语最直接的场所就是英语课堂，但是在这样的情况下，教师和学生的英语语言实际交流练习、实际场景模拟练习等实践性教学内容开展频率明显下降，学生在学习的过程中面对枯燥无味的理论知识和练习题难以提起兴趣、无法产生热情，感受不到英语语言交流时的乐趣，教师难以将因材施教的方式应用到教学当中，不能立足于学生的真实英语水平实施针对性指导。因此，英语教学的质量和成效难以得到本质上的提升，出现“哑巴”课堂、“水课”现象。

三、信息技术环境下大学英语微课程构建

在国家大力发展信息技术的宏观背景下，微课逐渐普及高等教育中的各个科目，微课视频内容精简、时间简短，能够准确突出重点、难点，还可以重复播放、不受时间地点限制，能够有效解决我国应用型大学英语教学开展过程中存在的大量问题，转变传统与改革进退两难的教育窘境，实现高校英语教师的实质性、根本性改革。

构建高校英语微课课程的时期，需要加强微课和教学活动的结合，融入理论教学和实践教学的各个环节，充分展现和发挥出微课的多方面优势与特点，在提高学生英语水平的同时，激发学生对英语的学习热情和兴趣，

（一）微课在应用型大学英语教学过程中的具体时间设置

以每一节英语课堂为例，可将微课教学模式分为课前、课内和课后三个不同时段。依照具体教学要求，英语教师可以选择自行录制英语教学视频，或选择在互联网教育平台中寻找下载优秀教学视频，为学生进行播放或要求学生课

后观看。微课视频对于课前教学而言，可以选择针对下节课教学内容具有引导性和导入性的视频，或者选择与下节课有关、能够激发学生英语学习兴趣的趣味性视频。

在课中微课视频的选择方面，也需要依照具体教学内容、进度进行合理安排，立足于学生的实际学习情况和反馈，利用信息技术环境下大数据分析技术，归纳出学生日常观看次数最多、频率最高的具体视频，继而在课堂上向学生展示。在展示的过程中，还需要教师对视频中的内容进行补充和完善，学生也可以随时举手向教师提问，做到问题当场解决。利用该模式的英语课堂，能够大幅促进学生对英语知识点的感悟和理解，以互动式、交流式的方法，精准找出学生学习中存在的不足，进而采取针对性策略。在课后微课视频的选择方面，应选择能够对课堂内容进行补充、总结的视频，使学生所学知识得到进一步的巩固，或者选择能够延伸拓展学生知识面的教学视频，使学生在观看时提出问题、发现问题，激发学生的独立思考能力。

（二）微课在应用型大学英语教学过程中的具体内容设置

微课不仅是一种全新的教学手段，更是营造良好课堂气氛，激发学生各方面能力的有效工具。因此，教师在英语微课教学内容选择时期，不仅要重视英语知识讲解的功能性，还要兼顾英语语言文化的魅力性，选取能够充分展现英语语言文化特征，展示英语国家风土人情、人文风景、谚语俚语的教学视频。虽然前些年的英语语法教学范式已经逐渐被淘汰，但语法却依然是大量高校学生学习当中的薄弱点，所以教师在选择视频内容时，还要注重英语教学视频的语法性，对课堂中的语法教学内容进行补充，以声情并茂的视频讲解，提升学生的英语语法水平。在微课视频制作方面，应充分考虑教学情境的带入，使学生在观看的过程中，体验到设身处地的语言环境。此外，教师也可以让学生参与微课视频的制作，成为视频内容的主导人和策划人，学生以自身实际需求的角度制作视频，继而使视频内容更加贴合于学生的特点。例如，教师可以将微课视频制作成对话模式，使学生能够在观看视频的过程中通过暂停键、开始键的切换，与视频中的教师完成模拟英语语境对话，学生通过反复练习，使英语口语水平、听力水平得到有效提高。

在微课内容选择或制作微课视频的过程中，需要注意微课以点及面的延伸功能，内容绝对不能偏离教学重点，不可追求范围广、内容繁多的讲解，内容需要具有针对性。此外，为提高微课视频对学生的影响力，在制作微课视频时，教师应找准学生的心理特征，将社会实时性热点引入视频当中，或将视频内容附带一定的娱乐性色彩，从而提高学生学习过程中的兴趣，让学生充分感受英语语言的魅力。例如，在制作微课视频时，可以将当下年轻人普遍喜爱的卡通动漫融入其中，激发学生的学习兴趣。

综上所述，随着现代信息技术水平的不断提高，计算机、大数据等高新技术涉及的领域不断拓展。高校作为我国培养应用型、复合型人才的主基地、主战场，必须与时俱进地结合时代背景，将信息技术合理应用于教学改革、教学创新的实际工作中，充分结合微课、翻转课堂等现代化教学模式，合理把握课前、课中、课后三个时段，将英语教学微视频渗透其中。在合理安排课程时间和内容的基础上，激发学生对英语的学习兴趣、提升学生的英语水平和实践能力，使学生带着问题走入课堂，带着问题离开课堂，并利用视频自行解决一部分问题，继而进一步激发出学生的自我思考能力。这与我国高等教育四项改革的基本要求高度一致，因此将微课合理运用到英语教学当中，具有极高的可行性。

第三节　信息技术环境下应用型大学英语课堂的有效教学

“有效教学”的概念自 20 世纪 60 年代被首次作为一个学术概念提出以来，国内外学者已经在不同的背景下做出了大量研究。在国内，仅中国知网上以“英语有效教学”为篇名的研究论文就多达 74 364 篇，其中核心期刊论文 6059 篇，以“英语教学”为标题的优秀硕士和博士论文共 2887 篇。不同时期的研究者遵从不同的教育理念、教学观念和理论视角，采用各种研究方法对英语有效教学的概念内涵、特征、影响因素和教学模式进行多层次、多角度诠释，大大丰富了人们对有效教学的认识。从这些研究中不难发现，所谓的有效教学只是一个动态的概念，是不同时代背景下人们对教学系统理想状态的期待，随着时代变迁、教育技术的进步、教育观念的演变、教研理论的发展和教育研究范式的革新，人们对有效教学的认识也会经历一个从量变到质变的过程。每当教育技术领域出现质的突破，人们对有效教学就会表现出新的期待，需要研究者对有效教学进行顺应时代的诠释。

随着信息技术与教育融合的不断深入，有效教学的研究背景已与传统研究背景迥异，课堂教学生学结构、教学模式与评价标准都应顺应信息化的时代潮流，人们对有效教学概念的认知也在不断地被解构和重构。因此，随着以互联网和移动通信为标志的信息技术与教育的结合越来越紧密，重新审视大学英语有效教学具有重要意义。

有效教学的概念出自20世纪60年代西方教育的科学化运动，几十年以来，学者对“有效教学”的研究从未停止，且随着时代变迁和教学观念的变化，研究的视角和焦点也不断变化。例如，从最初只对教师的特征和品质的研究发展到对教师的教学行为和教师知识的关注，以及对教师与学生心理、行为特征及课堂生态的研究，研究的视野逐渐从教学系统的某一个或几个要素的作用扩展到对整个教学生态系统的整体关注。也就是说，学者渐渐认识到所谓的有效教学不是教学系统中某一个孤立要素或几个相关要素的“部分有效”，而是作为系统的教学在“整体上有效”，只有教学系统中的要素相互配合、相互适应，共同维持一个健康、高效运转的课堂教学生态系统，这样的教学才是真正意义上的有效教学。

信息技术作为课堂教学系统的要素之一，不再仅仅扮演教学辅助工作的角色，而成了重塑系统要素关系的主角。目前，信息技术不再仅仅是内容展示的工具，更是营造学习环境、发展学生认知能力和构建学习社区等方面的工具，在此背景下，其他要素的角色和功能也相应地与传统课堂迥异，课堂有效教学的内涵和标准也因此需要重新定义。本节从结构、模式和评价标准三个维度构建大学英语有效教学研究框架，这种结构、模式和评价标准“三位一体”的研究框架强调教师、学生、教学内容与信息技术的相互适应、协同发展，有效地促进了课堂教学系统健康发展。

一、融合信息技术的大学英语课堂有效教学结构研究

所谓教学结构，是指在一定的教育思想、教学理论和学习理论指导下的，在某种环境中展开的教学活动进程的稳定结构形式，是教学系统各要素及各要素相互作用的稳定关系。信息化背景下的大学英语课堂教学结构研究关键是要探讨在信息技术广泛介入教学和学习过程的情况下，课堂教学系统要素即教师、学生、教学资源和信息媒体如何互动并促进有效教学的，研究的关键是要探索信息化背景下大学英语课堂有效教学的影响因素及其相互关系。

二、融合信息技术的大学英语课堂有效教学的模式研究

教学结构研究探索教学系统要素间的相对稳定关系，是从静态的角度描述融合信息技术的大学英语课堂有效教学“是什么”的研究，而教学模式研究则

是探索如何使教学系统诸要素的关系在教学活动中展现规律的研究，“教学模式是开展教学活动的一套计划或模型，是基于一定教学理论而建立起来的较稳定的教学活动的框架和程序”。如果把课堂教学看作由教学结构、教学模式和教学策略三个不同层次构成的复杂系统，则教学模式属于系统的中间层次，融合信息技术的大学英语课堂有效教学模式是联系信息化背景下教育思想和教学实践的桥梁和纽带，它不仅反映教学设计者的教学思想，而且直接面向教学实践，指导教学实践。

建立在信息化教学理论基础上的大学英语课堂有效教学研究，采用“基于设计”的研究路径。首先，从理论上“设计”大学英语课堂教学模式，然后在真实的教学环境中实施，以验证其效果；其次，通过分析教学实践效果和反馈信息进行反思，并对设计进行改进；最后，通过不断地迭代循环，逐步排除设计缺陷，使模型设计臻于完善和值得信赖，从而保证教学模式的有效性。

三、融合信息技术的大学英语课堂有效教学评价标准研究

无论是教学结构模型的探索和验证，还是教学模式的设计与完善，都需要教学实践经验和数据的支持，因此，教学效果反馈应该贯穿大学英语课堂有效教学研究的全过程。课堂教学评价体系的建立为有效教学结构和模式研究提供信息反馈和监控机制，是融合信息技术的大学英语有效教学研究设计必不可少的组成部分。

融合信息化技术的大学英语课堂教学评价有两重含义：一是以信息技术为辅助工具的教学评价，如借助信息技术平台和大数据实现对课堂教学更加准确、及时的反馈和监控；二是以信息技术作为课堂教学系统要素之一，评价信息技术与其他要素相互作用协同发展的有效性。本书主要关注后者，即研究融合信息技术的大学英语课堂教学系统各要素是否相互配合以达到最优的教学过程和令人满意的教学结果。

对于这方面的研究，健康课堂生态理论具有借鉴意义。健康课堂生态系统以教师教学活动和学生学习活动为中心，活力、组织结构、恢复力三要素动态平衡，它们分别发挥激发、协调、调控的功能，共同保障课堂生态系统的健康运行。借鉴健康生态理论，本书中的“融合信息技术的大学英语课堂有效教学评价体系”可以从大学英语课堂教学系统的活力、组织结构和恢复力三方面来构建大学英语课堂的有效教学，即从教学投入、学习投入、互动性和课堂生态恢复力等几个维度分别评测教师和学生这两大活力主体的能量和活动性、活力

主体之间及其与教学环境互动的复杂性与活动符合对方需要的“合意度”、课堂生态在外力胁迫下维持理想状态的调控能力等。

在借鉴健康课堂生态评价理论和大学英语课堂教学特征的基础上，根据文献建构的理论构念，要想切实体现信息化背景下大学英语课堂教学的实际情况，还须征求英语教育专家、一线英语教师和学习者的意见，并与实际教学经验和案例相结合，才能使理论得到验证和完善。具体可以通过专家咨询、师生访谈、案例分析等形式收集信息，总结大学英语课堂有效教学评价维度和主要因子，然后展开实证研究。通过大规模的问卷调查和数据统计，对评价量表进行实证检测，可使这些因子能得到确认或修正、补充和完善。

信息化背景下，以教为中心的教学结构转变为“主导—主体”的教学结构，网络媒体不仅给课堂带来了先进技术，还使教师、学生、教学资源、教学媒体这四个课堂教学的核心要素在教学过程展开的进程中的作用和表现形式也都发生了实质性的转变。本节在回顾以往有效教学研究历程和成果的同时，立足信息化背景，怀着对“信息技术与教育深度融合”的追求，提出了融合信息技术的大学英语课堂有效教学研究设想，即基于扎根理论的教学结构研究思路、基于设计的教学模式探索路径和基于健康课堂生态的有效教学评价体系的研究构想，旨在为信息化背景下大学英语课堂有效教学研究提出设想，并将在随后的研究中逐步实施和修正该研究方案，以期推动大学英语有效教学研究不断适应教育信息化发展的要求。

第四节　利用信息技术优化应用型大学英语任务型教学

计算机网络和多媒体技术的普及，给人们的生活带来了翻天覆地的变化，也为教育的发展带来了契机。信息技术大大丰富了课程资源，拓宽了学习渠道，改变了知识的呈现方式、教与学的方式，引发了教学的革新。充分利用现代信息技术，促进信息技术与课程的整合，解决传统课堂教学存在的不足，实现教学创新，提高教学质量，是每个教育工作者关心的问题。

一、任务型教学法及其局限性

（一）任务型教学法概述

任务型教学法（Task-based Approach）是由英国语言学家普拉布于 20 世纪

80 年代首先提出的，是一种以“任务”为单位组织语言教学活动的途径。任务型教学法的基本框架以威利斯提出的结构为代表：Pre-task（任务前阶段）、Task-cycle（任务环阶段）和 Language Focus（语言知识要点阶段）。

任务型教学法要求学习者在真实或接近真实的情境中，以完成任务为导向，通过目的语进行意义的创建和交流，实现对语言知识的掌握。它强调在“做中学”，让学习者成为课堂的主体，充分调动学习者的积极性，因而能够促进学习者语言技能的培养；完成任务的过程是培养学生分析问题、解决问题能力的过程；沟通与协作的同时提高学习者用目标语言进行交流的能力。因此，任务型教学法体现了“以学习者为主体”的教育理念，备受教育工作者的推崇。

（二）任务型教学法的局限性

任务型教学法具有诸多优势，因而越来越多地被应用于大学英语课堂教学。然而，笔者在教学实践中发现，传统课堂实施任务型教学法，并不能够发挥其全部优势，达不到应有的教学效果，主要体现为以下几个问题。

1. 情境创设问题

真实的教学情境具有实际意义，能够激发学生的学习欲望。任务型教学法强调，必须将真实的情境引入语言学习中，创造有效的学习环境。威利斯认为，创造有效学习环境必须满足三点：让学习者充分地接触目的语；为学习者提供机会以目的语展开交流；激发学习者的学习动机。因此，教师要为学习者设计真实的或尽量接近真实的场景。然而，在传统课堂环境下，教师以口授加粉笔黑板的形式展开课堂导入，呈现方式呆板、枯燥，无法创设真实的情境，继而无法提供真实的任务，课堂气氛沉闷，结果是无法激发学习者的学习动机，不能为学习者提供机会交流，教学效果大打折扣。

2. 教学资源问题

任务型教学法要求学习者以解决“任务”为导向，开展探究活动。真实任务的解决，有赖于多层次、高质量、丰富的信息资源。然而，在传统课堂环境下，教学资源只限于有限的材料，所有学习者面对的是统一的教学资源。孤立、封闭的有限教学资源，无法开阔学习者的思路，找到解决任务的最佳方案。同时，完全一样的教学内容无法满足不同基础、不同学习风格的学习者的不同需求，无法实现个性化教学。

3. 协作交流问题

语言学家菲尔提出，任务型教学法重视交际与意义，强调学习者在参与活动、完成任务的过程中，通过有目的的互动掌握语言。另一位学者努南认为，交际任务要求学习者在课堂活动中运用已有知识以目的语表达意义。可以看出，任务型教学法强调参与和互动，强调学习者在完成任务的过程中运用已有的目的语知识开展交流协商和意义构建，在协作与交流过程中，学会以目的语交际，实现对目的语的掌握。因此，开展大学英语任务型教学必须重视互动。然而在传统课堂环境下，因为课时和场地的限制，一半以上的学生没有机会表达，大多数学生基本上是独立思考或两人协商，无法充分交流与协作，不能全面完成任务，无法发挥任务型教学的优势。

4. 评价体系问题

教学评价是应用型大学英语教学的重要组成部分。教学评价一方面为教师提供教学反馈，从而调整教学手段、保证教学质量，另一方面帮助学生了解学习情况，从而调整学习策略、提高学习效率。因此，制定全面、科学、准确的评价体系对应用型大学英语教学非常重要。然而在传统课堂教学中，评价侧重学习结果，而不是学习过程，形成性评价给终结性评价让位；教师是评价的唯一主体，无法实现学生相互评价与自我评价；学生在评价中只是被动地接受评价，无法参与评价方式的制定；评价只限于书面作业和问答类，形式单一，无法调动学生的学习积极性。

二、利用信息技术优化大学英语任务型教学设计

（一）利用信息技术优化情境创设。

通过以计算机网络和多媒体为核心的信息技术，改变传统课堂以单一枯燥的形式创设情境，融入图片、声音和影像，使得教学情境图、文、声、像并茂，以综合表现力呈现语言，创造高效的语言学习环境，变单一枯燥为形象生动，使学生犹如身临其境，变被动消极为主动积极，充分激发学生的学习兴趣。教师利用信息技术的优势，为学生创设真实、自然、与学生的现实生活和兴趣密切相关的情境，让学生多层面、全方位地充分接触目的语，以目的语展开交流，激发学生的探究欲望，促使学生积极主动地投入学习。

（二）利用信息技术优化教学资源设计。

现代信息技术的超文本功能突破了书本的限制，互联网的庞大数据库将教学内容由课堂向课外无限延伸，解决了传统课堂统一、有限、封闭、孤立的教学资源问题。教师根据学生的不同基础、不同风格，将网络海量资源进行梳理

和整合，开发适合学生特定需求的教学资源，设计网络学案，因材施教，既涵盖大多数学生的共有需求，控制好难度，做到难易适中，又考虑个体学生的个体需求，实现差异化、个性化教学；学生在丰富、地道的多元化语言环境中，根据自己的基础、兴趣等情况选择需要的学习资源，开展网络探究，完成任务，在这一过程中提高语言的综合运用能力，实现语言习得。

（三）利用信息技术优化协作交流

在由信息技术创建的交互式教学环境下，学习者在教师的主导下，通过电子邮件、BBS、QQ、微信等平台，完全摆脱时间和空间的限制，建立学习共同体，以小组为单位进行合作、协商、讨论，在共享集体的思维和智慧的基础上，全面、正确地理解所学知识，最终完成意义的建构。这样的交互式教学环境为每一位学习者提供条件，把每一位学习者调动起来，让他们积极主动地参与、实践，真正成为教学的主体；教师不再是课堂的主宰者、知识的掌控者，而是学习过程的设计者、组织者、引导者、协助者、辅导者，打破传统的师生、生生关系，彻底改变传统的师生角色，真正实现“以学生为主体，以教师为主导”的教学理念，充分发挥任务型教学的优势。

（四）利用信息技术优化评价设计

通过多媒体网络环境建立动态电子评价档案，可以将学生每一阶段的学习情况，包括探究、协作活动的参与情况及任务的完成情况纳入评价的范围。动态的评价方式完整地评价出整个学习过程，确保评价的全面；评价的内容既包括学习过程、结果，又包括态度、情感；通过网络实时将评价结果反馈，帮助学生及时了解学习状况，调整学习方法；在教师评价之外，将学习者本人和小组成员纳入评价主体，通过自我评价使学生由被动接受评价变为主动参与评价，使学生明确学习目的，培养学生的责任感，同时加强小组成员互评，提高共同学习和团队协作精神，自评、互评与教师评价相结合，制定合理比重，使评价结果更客观、更准确；让学生参与评价方式的制定，促进学生对学习活动进行思考，调动学生的参与积极性；评价形式多样化，成果可以是主题报告、角色扮演、设计的网站等；形成性评价贯穿整个教学活动的始终，与终结性评价相结合，使整个评价体系更全面、客观、准确，调动学生的学习主动性，成为促进学生有效学习的良好手段。

实践证明，通过信息技术优化情境创设、教学资源、协作交流与评价体系，克服任务型教学法的局限性，弥补大学英语任务型教学的不足，有助于充分发挥其优势，提高教学质量。

第五节 应用型大学英语课中如何实践信息技术与教学的深度融合

教育信息化是我国高校教育发展的一项重要任务，其中信息技术与教学的深度融合是高校教育信息化的最直接的切入点。在我国传统的教学模式中，教师是课堂教学的中心，起着主导课堂的作用。同时，教师根据课本所设计的知识对学生进行传授，因而信息量和信息面严重受限。教师严格按照提前设定的教学计划按部就班地进行教学。学生没有选择，在整个课堂学习过程中始终处于被动地位。学生的学习积极性和主动性受到忽视。因此，传统的英语教学越来越不能适应新形势的要求，必须更新观念。师生通过信息技术的使用活动，构造了新的教学环境，生成了新的教学关系，提高了人才培养的质量。

一、创设良好的语言学习环境

“注意是知识的门户”“兴趣是最好的老师”，创设一种使学生主动参与、兴趣浓厚的课堂教学学习氛围是唤起学生主动参与的前提和保证。学生在愉快而轻松的学习氛围中容易积极参与教学活动，并且能激发其内在的学习要求。学生学习兴趣的提高往往离不开生动形象的教育素材，信息技术正因为其集图、文、音、像、画、照片等功能于一体，具有形声、动画兼备的优点，所以在营造氛围方面比其他媒体来得更直接、更有效。例如，在讲解 Australia（澳大利亚）一课时，先用电脑向学生展示袋鼠和考拉的视频资料，然后自然过渡到它们的原产地——澳大利亚，介绍澳大利亚的地理位置和气候，由于直观明显，学生自己就总结出了其位置关系，而且由于该课图文并茂，学生的学习主动性极高，很多知识是自己提炼总结出来的，所以印象深刻。

二、突出以学员为本，教员为指导

信息技术使课堂教学变得更生动、直观和快节奏。例如，教师要培养学生阅读筛选信息的能力，课程中设计了让学生介绍一个国家的环节，首先教师简单地向学生演示了怎样使用英语软件，然后给出了相关网址，最后给学生布置任务：选择自己要介绍的国家，阅读筛选信息。同时，要求学生制成 PPT 或者 Word 文稿，在全班进行交流。在整个活动中，学生要自己搜集信息，仔细阅读，并对信息进行筛选分析以符合教师的任务要求，最后编辑整理，形成成果。由于整个过程都是学生自主获取知识，重组有价值的资料，不仅使知识内容历久弥新，而且真正锻炼了学生的能力。课程整合的目的是让学生学会学习、学会思考，真正成为学习的主人。

三、有利于学员个性化学习和自主学习

辩证法告诉我们事物的发展是不平衡的，主体之间总是存在着差异。由于学生受社会、家庭的影响不同，学生的个性不同，学习能力也存在差异。要想使每个学生在课堂中都有所收获，教师备课时必须注意合理设置教学梯度，尽可能提供学习方法和学习途径的选择权，使不同层次的学生都能学有所得，让不同思路的学生都能体验学习的乐趣和成功。计算机和网络技术，使学生能够根据自己的水平和需要选择英语学习内容和学习方式，为学生的个性化学习和自主学习创造条件。信息技术与英语教学的融合，使“分层次教学”成为可能，最大限度地发挥学生的自主性与创造性。

四、促进交流合作、资源共享，发挥团队优势

（一）教师之间

科技进步和知识爆炸使每个人的知识储备和能量都显得十分有限。现代英语的教学模块涉及天文、地理、历史、人文、政治、环境等各个方面，教师要想在短期内弄清楚所有知识根本不可能，而信息技术为教师之间的资源共享搭建了平台。

（二）学生之间

在整合的教学模式中，安排结对交流和学习讨论，结对交流可通过抽签、自由组合或其他方式使学生组合在一起，就学习内容、方法、资源等进行交流、切磋、寻求帮助。学生按要求创设规范的文件夹，他们可以互相使用搜集到的学习资源，实现资源共享。

（三）师生之间

在课程整合的过程中，教师要通过因特网和其他信息源，组织和指导学生与他人合作，完成对某一课题的研究和分析，得出自己的结论或看法，并将自己的成果与他人共享。在学习的过程中，在某一方面或领域里，学生的水平超过教师是完全有可能的，这就可以极大地激发了学生的兴趣，对教师的积累也是有益的，真正做到教学相长。

五、注重电脑和网络的实际应用，融合多学科的知识，体现时代特征

学生的学习离不开真实的社会生活环境，也离不开网络虚拟环境。在课程整合的过程中，多媒体电脑成了学生课余学习的主要辅助工具，成为学生展示自己的学习成果的主要工具。学生通过网络平台，发表自己的学习成果，锻炼演讲能力，展示自我风采。学生在网上查找、处理信息的过程中，所学到的知识、获取的信息是传统教学模式无法比拟的。学生的学习更能体现自主性，更有利于实现个性化。例如，学生在制作演示文稿或创建网站中，为获取某一方面的知识，如“濒临灭绝的动物”，他会努力在网上查找相应的资料，读到许多原汁原味的英文文章，获得许多有关濒临灭绝的动物的知识，因此既扩展了知识面，又扩大英语阅读量和词汇量；同时，学生的计算机水平、信息处理能力也大大提高了。学生在实践过程既达成了学习英语知识的主目标，同时又提高了处理信息、操作多媒体应用软件的能力。这种学习是自觉的、自主的，而且是探索性的。

实现信息技术与英语教学的高度融合，就是要鼓励教师广泛应用信息技术手段，充分利用现代信息技术和信息资源，改革教师教的方式和学生学的方法，培养学生探究、实践、思考和综合运用能力，最终达到利用信息技术改善学习的目的，让学生主动参与、增强自主探究的能力。

第六节　信息技术嵌入应用型大学英语口语课堂动态评价模式构建

随着高等教育信息化的快速发展，信息技术已深度融入教学过程并正以惊人的速度改变着高等学校外语教学的方式。然而在实践中，应用信息技术开展课堂评价的探索却寥寥无几。课堂评价中，教师采用信息化方式评价学生比例较低，而且手段比较单一。课堂评价的反馈和学习者自我调节环节缺乏有效工具的支持。因此课堂评价亟待信息技术的支持。

作为国际化进程中跨文化交流的基本能力，听说能力长期以来都是我国大学生最薄弱的英语基本技能。造成我国大学生英语口语能力不强的原因既有传统教学模式的影响，也有高校测评模式的制约。目前我国大学英语口语课堂还是以传统的静态评价为主，即标准化测验。以评价者为中心，偏重学习结果。信息技术应用于大学英语口语课堂评价研究仍是一片空白。因此探索新的评价

模式，鼓励教师应用信息技术，提升信息技术应用于大学英语口语课堂评价的效果，这对于提高整个大学英语口语教学，增强学生语言表达能力至关重要。

一、大学英语口语课堂评价研究现状

（一）口语考试内容及其对教学的反拨作用

近年来该方面的研究主要针对现行口语教学与测试中存在的不足，以研究者所带班级为例，从测试角度构建大学英语口语测试体系并通过实证研究证明该体系对学生具有积极的反拨效应。作为评价手段之一的测试对口语教学具有非常重要的功能评价意义与指导价值，大学英语口语测试模式在国内高校口语测试实践中的推广任务仍然十分艰巨，有待全面展开规模较大的实证研究，从不同视角、不同层次、采用不同的方法开展口语测试模式研究。

（二）形成性评价研究掀起外语教学评价领域研究热潮

形成性评价，即在教学过程中进行的过程性和发展性评价，根据教学目标，采用多种评价手段和形式，跟踪教学过程，反馈教学信息，促进学生全面发展。教育部2014年颁布的《大学英语课程教学要求》也明确倡导应用学习档案记录、课堂活动记录、访谈和座谈等形成性评价手段来更科学、更全面、更合理地评价学生的学习过程和结果。针对形成性评价的研究，国外早在20世纪80年代就已开展起来，并得到了政府的高度重视和大力支持。在语言测试领域处于领先地位的美国和英国，形成性评价获得了深入的研究和发展，广泛地应用于教学实践，并不断推广和完善，取得了较大的成功。在国内，形成性评价理论已趋于成熟并在评价实践中逐步开展起来。目前将形成性评价理念引入大学英语口语测评体系，既有理论方面的探讨，也有实证方面的研究。这些研究主要批判了传统的终结性测试对口语教学的负面影响，一是评价测试形式单一，二是口语测评手段缺乏励志功能，并进一步通过实证研究证明形成性评价对于客观、全面、公正地反映学生口语能力，激发学生口语表达兴趣以及学习的积极性具有一定的作用。但这些研究存在以下局限性。一是研究主要聚焦在测试的评价功能和动机激励功能。而对测试的反馈功能和诊断功能尚未有人涉足。二是借助现代信息技术发展构建大学英语口语测评体系的研究仍是一片空白，这也是后续研究趋势所在。

（三）动态评价理念为我国外语教学评价注入新生机

由于传统的静态评价忽视了学生在学习中的主体性和能动性，无法科学客观地考核学生的实际能力，因此迫切需要探索一种新的评价方式。动态评价是近些年在西方兴起的一种新的交互式评价理念。这一术语是由苏联著名心理学家鲁利亚基于其同事维果茨基的社会文化理论提出的。该理论又称学习潜能评价，是对在评价过程中通过评价者和学生的互动，尤其是在有经验的评价者的帮助下，探索和发现学生潜在发展能力的一系列评价方式的统称。这一理论在过去受到西方心理学和教育测量研究与应用领域的重视，并取得了丰硕的成果，但在外语教育领域则刚刚起步。在二语教学领域进行动态评价研究的学者的博士著作详细探讨了如何把动态评价用于解决学生二语发展过程中出现的问题。在我国，韩宝成先生综述了国外二语教育领域动态评价相关研究，而其他基于动态评价理念的研究则寥寥无几，主要集中在大学英语写作和课程评价领域。因此将动态评价理念引入大学英语口语教学评价，从实质上提高大学生的口语表达能力至关重要。

二、信息技术嵌入大学英语口语课堂评价模式构建框架

借助信息技术支持课堂评价不仅只发挥信息技术的优势，还要充分考虑到课堂评价活动的特点。教师需要掌握一定的课堂评价知识，做到“教、学、评”三者相融合。本书拟借助网络自主学习平台，尝试将动态评价引入大学英语口语课堂教学评价实践，进行小规模的评估。教师适时介入学生口语课堂评价，提供诊断性反馈，帮助学生不断发现问题，解决问题。所有的评价活动以学生为中心，加强师生、生生之间的协作对话，并开展教师评价，学生自评及同伴评价。在整个教学评价过程中，创建学生电子学习档案袋，记录学生系统学习成长过程，充分体现教学与评价相融合的评价理念。

（一）课前网络自主在线学习

教师事先将每节口语课讨论的话题、学习目标、学习内容、课堂学习形式及评价标准等制成小视频、文档或PPT加音频的形式上传到网络自主学习平台，并提供讨论话题的相关背景知识、常用句式及注意事项。学生可以根据自身实际情况，进行在线自主学习，明确学习目标，了解学习内容，并将自己的疑问和困难在线反馈给教师。教师在线和学生进行交流，帮助学生答疑解难，给学生提供指导和建议。同时，教师详细记录每个学生的在线自主学习完成情况，将其作为学生电子学习档案袋的重要内容之一。

（二）课堂小组团队合作式学习及评价

在上课前，教师将全班分为若干个小组，约四人一个小组，实行小组组长负责制。整个课堂教学在语音实验室进行。教师将具体的课堂教学任务通过多媒体形式呈现给学生，并讲解相关知识。学生在准备评价任务时，教师适时介入给予学生提示、建议，鼓励和引导学生发挥最大潜能。在学生完成任务后，教师给予评价，小组成员之间开展互评和自评，教师进一步给出改善建议。学生根据教师评价反馈和小组成员评价再次完善任务。这一环节是整个口语课堂评价的核心环节。小组团队合作式学习及评价充分体现了维果茨基的最近发展区思想。教师一系列有针对性的教学和评价活动激发了学生的潜能并调动了其积极性。学生之间开展的评价和自评也是一种交流和学习的方式，能够取长补短。这一环节通过录音或者录取视频的方式记录学生的整个课堂活动，最后将其归入学生电子学习档案袋。

（三）课后在线评价反馈

在这一环节，教师将前两个环节的学生表现进行整理、总结并再次通过网络自主学习平台反馈给学生。学生不仅通过教师的反馈清楚地意识到自身的问题，还能看到与小组成员之间的差距，从而系统地修正学习方法，改善自身不足，不断完善进步。教师也可以借此环节完善教学方法，优化教学效果。该环节是学生电子学习档案袋的重要内容之一。

三、信息技术嵌入大学英语口语课堂动态评价模式实现策略

（一）革新观念，与学生开展“互助式”对话

将信息技术嵌入语言课堂评价实践，教师的评价素质直接影响着技术作用的发挥。一方面，教师需要顺应时代潮流，革新观念，积极学习新技术，践行在语言教学评价中引入信息技术。同时教师还需要掌握动态评价相关理论知识，改变传统的测评观念，做到与时俱进。另一方面，还要充分发挥教师的引导作用。教师的角色不仅局限于知识的传授者，课堂的组织者，还应该以中介人和推动者的角色出现，通过线上、线下等各种形式与学生开展对话，关注学生的语言认知能力，推动学生最大化地发挥潜能。

（二）提高网络自主学习监控力度

由于网络自主学习本身的自主性和分散性，教师无法全面监督学生的学习

情况，只能通过后台参数监督学生，因此需要充分调动学生的语言学习积极性，培养学生自主学习能力。可以通过实行小组组长负责制、小组成员互相监督制提高监控力度。同时从技术层面可以引入视频认证体系和指纹识别系统，节省教师和管理员监管的时间和精力。

（三）实行学生助教制，协助教师完成教学评价工作

信息技术嵌入大学英语口语课堂动态评价实践，教师需要倾注大量时间和精力，这对教师本身提出了一大挑战。可以通过为教师提供一名学生助教，也可以实行学生助教轮流制，帮助教师收集、整理课堂教学评价电子资料。这对学生本身也是一种锻炼，更重要的是减轻了教师负担，能够保证课堂评价高质量地完成。

总之，基于信息技术的外语教学已经成为新世纪高等学校外语教学的主要实践方法，信息技术融入外语教学评价体系也势在必行。信息技术融入课堂评价有助于课堂教学中“自主”和“反馈”功能的实现，然而信息技术只是作为一种手段，课堂评价能否取得良好效果关键在于课堂评价的实施理念是否有助于促进学生的学习。教师需要充分发挥信息技术的优势，提高使用多种信息化评价方式进行评价的能力，同时也要避免过度依赖信息技术而忽略人在教学中的地位。

第七节　基于信息化技术的应用型大学英语听说实训体系设计研究

随着信息化技术的不断发展，信息化教学已经成为高等院校一种新兴的教学模式。全国各高校都在积极地建设信息化网络和数据库，并广泛地应用于各科的教学实践。信息化教学以其再现真实的情境、提供丰富的学习资源以及易操作的考评条件等无可比拟的优势，越来越多地被应用在大学英语听说教学中。

根据美国著名外语教学法专家维尔加的统计，在人类的言语交际活动中，听占实际时间的45%，说占实际时间的30%，合计为75%，可见听说在人类交际中的重要性。2004年《大学英语课程教学要求（试行）》就提出大学英语的教学目标是培养学生的英语综合应用能力，特别是听说能力。而现实情况是虽然大学生总体英语水平较高，但听说能力相对较低，存在听不懂、不敢说、说不出等诸多问题。听说实训教学相对于理论教学来说为学生提供了更多的交际环境和操练机会，成为提高大学生英语听说能力的重要途径。

那么作为英语教育工作者，如何将信息技术与英语听说实训教学有效整合，提高学习效率和教学效果，如何利用信息化技术有效提高大学生英语听说能力呢？基于信息化技术的大学英语听说实训设计成为有待我们研究的重要课题。

一、理论基础

基于信息化技术的大学英语听说实训设计研究主要以建构主义理论、输入输出假设和任务型教学法为理论基础。

（一）建构主义理论

建构主义理论认为，学习者的知识是在一定的情境下，借助于他人，如人与人之间的协作、交流，利用必要的信息等，通过意义的建构而获得的。因此，信息化环境下的大学英语听说实训需要利用现代信息技术，通过生动的图片、声音、动画、视频等为学生创设仿真情境，帮助学生对所学知识的意义进行构建。教师要指导学生利用信息化网络技术进行合作学习和相互交流，实现意义的构建。

（二）输入输出假设

克拉申认为，语言习得关键是足量的可理解的输入，需要连续不断的有内容有趣味的大量的会话才能奏效；输入的语言材料越有趣、越关联，学习者就越容易在不知不觉中习得语言；输入过程中，越焦虑，得到的输入越少，反之，则容易得到更多的输入。除了必要的可理解性输入外，学习者必须有机会使用所学语言，这样才有可能达到流利的水平，输入和输出密不可分。所以，信息化背景下的大学英语听说实训应设计连续的、足够量的、有趣的、与学生生活就业相关的实训任务，并通过网络交流减少学生实训中的焦虑和紧张，将听力与口语相结合，才能有效提高学生听说水平。

（三）任务型教学法

任务型教学法要求教师围绕特定的交际和语言项目，设计出具体的、可操作的任务，学生通过表达、沟通、交涉、解释、询问等各种语言活动形式来完成任务，以达到学习和掌握语言的目的。威利斯提出了基于任务的教学框架，即前期任务—任务操作—后期任务。根据这一框架，英语听说实训应利用信息化技术对每个项目都设置听说前期任务、听说任务实施和听说后期拓展任务三个部分，通过依次完成这三个部分，完成听说能力的训练和英语应用能力的提高。

二、大学英语听说实训体系设计

基于信息化的大学英语听说实训设计包括实训的前期准备、前期任务的设计、实训实施阶段的设计和后期拓展任务的设计。

（一）实训的前期准备

实训前期，教师可以利用信息化技术将网络资源和教材整合，精选实训的语言项目。语言项目中的听说材料需要基于学生水平和工作过程，与工作岗位相关，具备趣味性、可理解性、可接受性、连续性和足够量的特点。例如，商务英语专业的学生毕业后就业岗位多数为商务秘书或商务助理，根据这一岗位和对应的工作过程，听说实训的项目可以从其求职面试开始，设计为求职面试、入职培训、电联客户、机场接待、宾馆预定、商务宴请、参观工厂、欢送客户等连续的听说实训项目。实训项目中，教师利用网络为学生提供相关的图片、音频及视频，赋予项目趣味性。实训项目设置合适与否直接关系到实训目的和实训效果的实现。

（二）前期任务的设计

在每个实训项目进行前期都要精心设计实施前任务，并通过网络在该项目进行前布置给学生。实施前任务应包括与项目有关的背景知识学习、信息搜索等，并要求学生通过小组合作的方式完成，在实训项目实施前进行成果展示。通过实施前任务的完成，可以引导学生通过自主学习、合作学习建立相关图式，使其在项目实施时能够自然接受，没有障碍，提高学习效率。以“宾馆预定”为例，在项目实施前，教师可以通过听说前任务单的形式给学生布置任务：第一，请用英语介绍不同的房间类型及宾馆设施，并附图片；第二，请介绍预订房间时常用的英文表达；第三，请搜索预订宾馆的方法和注意事项。要求小组合作，制作 PPT 展示。任务单通过数字化学习中心等校园网下发给学生，并利用该学习中心的分组功能给学生分组，接下来学生完成上述任务，并将制作的 PPT 成果在班级空间展示，并进行自评和互评。在此期间，如遇问题，学生可以在线提问，教师可在方便的时候进行解答。通过这一系列任务的完成，学生建立了宾馆预订的相关图式，在进行宾馆预订听说交际时就容易得多。

（三）实训实施阶段的设计

实施阶段是英语听说实训设计的主体部分。这一部分的设计是整个实训设计的最重要部分。在此阶段，首先找 3 组学生用英语对实施前任务成果进行展示，这 3 组应为在数字化学习中心的班级空间里得到不同评价的 3 组，分别为评价最好、评价居中和评价不好的。然后教师进行补充、更正和点评。这一环节对实施前任务完成情况进行了检查，起到了监督的作用，典型成果展示起到了示范的作用，同时也帮助学生强化了与项目相关的英语词汇及表达，为项目实施做好铺垫。接下来，教师利用网络收集的相关图片、音频、视频等为学生创设仿真情境，利用信息化手段将真实情境再现，激发学生的学习兴趣和积极性。将学生带入情境后，通过信息化技术设置由易到难的多层次听力理解任务，如重点词块填空、细节信息改错等，帮助学生掌握、强化相关的词汇、词块，并达到理解听力材料的目的。然后学生以小组合作的方式找出该情境的功能表达，并将以大屏幕提供不同的图片或播出不同的情境作为开头，再次把学生带入情境，在情境中进行仿句练习，使枯燥的仿句练习变得真实而有意义。通过仿句练习，学生操练并掌握了该情境的功能表达，为口语交际的顺利进行打好基础。最后，教师创设 3 个左右的类似的仿真情境，要求学生自选进行模拟表演并录像，帮助学生在逼真情境下通过亲身体验吸收、内化并输出。在模拟表演后，学生进行自评和互评，教师进行总评，完成实训实施阶段的评价。学生通过观看和体验以及教师的总结，完成语言项目的学习。

（四）后期拓展任务的设计

信息化教学以其先进的网络技术为英语听说实训提供了实训后期进行拓展训练的更多可能，这一阶段主要利用数字化学习中心这样的校园网完成拓展任务的设计和实施。在一个实训项目完成后，可以将学生的表演录像和更多的情境表演资源上传到数字化学习中心的班级空间，供全体学生反复观看、模仿、学习、反思，巩固和强化实训实施阶段的知识，提高交际能力；可以根据实训主题，设置更多的拓展任务，如根据“宾馆预订”这个项目，设置讨论题目：“What do you think is important when choosing hotels for guests ? 1. location; 2. facilities；3. service；4. rates.”。可以在班级空间上传相关的原声电影或英文歌曲，激发学生练习听说的兴趣，也给学生提供了体验原汁原味英语的机会，从而进行有意义的模仿和学习；可以在班级空间上传相关的文化视频，帮助学生了解西方文化，注意中西方文化的差异，培养学生的跨文化意识。在这一过程中，学生可以在校园网上自由讨论、发表意见、小组合作完成任务、在线询问等，不受时间、空间的限制，也没有面对教师的心理障碍，使学生的听说能力得到升华，并充分地培养学生的自主学习能力。

信息化技术以其先进的多媒体技术和网络技术，为大学英语听说实训教学和学生听说能力培养提供了广阔的空间。在大学英语听说实训的设计和实施中，教师可以充分利用信息化技术，整合学习资源，设置有意义的适合学生水平的实训项目，创设真实的语言情境，布置难度各异、形式各异的听说任务，进行畅通的师生互动和学生自评、互评，设置更多的拓展任务引导学生开阔视野，培养跨文化意识和自主学习能力，全面有效地提高学生的英语听说能力。

第四章　现代信息技术与应用型大学英语教学课程及课堂改革

第一节　信息技术辅助下的应用型大学英语教改研究

当前，应用型大学英语教学改革中存在着学生口语表达能力较差、师生之间缺乏应有的互动、教学方法单一、忽视学生的个体差异性等问题，信息技术的普及为应用型大学英语教改提供了契机。教师应当全面研究信息技术辅助下的应用型大学英语教改问题，运用信息技术因材施教、丰富教学方法、加强师生互动、推动教师的专业发展。

在应用型大学英语教学过程中，大多数学生存在学习兴趣低、口语能力差、自主学习能力低等问题，教师的教学方法也较为单一僵化，这无疑影响了应用型大学英语的进一步发展。而信息技术的普及和应用，使应用型大学英语的教学手段更加多样化，教学内容更富趣味性，学生的学习积极性也得以提高。同时，学生在课堂上的主体地位也日益突出，师生间的互动交流逐渐增多。学生间也开始通过微博、微信、论坛等网络社交工具，进行英语学习交流，这极大地提高了学生的英语学习兴趣。可见，信息技术的普及为应用型大学英语教学改革提供了更多的便捷性，我们必须充分抓住这一时代契机，采取有效措施，促进应用型大学英语教改的顺利进行。

一、应用型大学英语教改面临的问题

（一）学生口语表达能力较差

在英语学习过程中，许多大学生因为缺乏口语练习和表达的机会，对口语表达的信心和积极性较低。虽然大部分高校在教学改革中针对这一问题采取了

相应的措施，但仍有部分学生害怕自己因英语发音不准，或个别字句理解不到位，而遭到教师的批评和同学的嘲笑。因此，他们在英语口语训练中不愿意开口练习，即使开口也总是过于紧张，担心说错或发音不准，这一心理障碍使其对英语的学习兴趣越来越低。

（二）师生间缺乏应有的互动

目前，虽然大部分高校已经采取多种措施进行英语教学改革，但不可否认，仍有部分教师在英语教学中采用传统的灌输式教学方法，过于关注语法知识、基础单词的背诵和记忆，忽视学生在英语学习中应用能力的培养。这导致应用型大学英语课堂枯燥无味，学生学习积极性不高，甚至厌恶或惧怕英语学习，英语学习成绩自然无法提高。调查显示，大部分学生都希望教师能够在课堂上加强互动，注意到学生的英语学习需求，及时了解学生的英语学习情况，并创设有利的英语学习氛围。可见，若要提高应用型大学英语的教学水平、增强学生的学习兴趣、构建和谐融洽的师生关系，就必须在英语教学过程中加强师生互动。

（三）教学方法单一

在传统的英语教改模式下，大部分高校的英语教学仍采用讲授式、灌输式、“填鸭式”教学方法。沿用“教师讲授并板书—学生听课做笔记—课后作业巩固”的教学模式。这种单一、僵化的教学方法无疑极大打击了学生的英语学习积极性，致使学生的学习方式、学习目标、学习体验、学习空间、学习资源等呈现出狭隘、枯燥的特点，根本无法培养出高素质、个性化的英语人才。

（四）忽视学生的个体差异性

在新课改的倡导下，大部分高校在英语教学中都进行了相应改革，以尊重学生的主体地位。但总体而言，许多高校的英语教学仍旧由教师把控，学生根本没有参与到教学方式和教学内容的选择中，仍旧只是被动的知识接受者。在英语口语训练中，学生也只是按照教师布置的任务，机械地完成语言项目训练。这显然不符合学生的个性化发展需求，不能完全激发学生在英语学习中的潜力和创新能力。此外，我国高校的英语课堂人数相对较多，而教师在制订教学目标时，往往不能全面顾及，尤其对英语基础较差的学生考虑得较少。这势必导致这部分学生在英语学习过程中出现听不懂、信心不足的现象，导致他们逐渐失去学习英语的兴趣。

二、信息技术辅助下的应用型大学英语教改方法

（一）运用信息技术因材施教

在信息技术的辅助下，教师应当在英语教学过程中充分考虑学生的学习需求，并采取有效措施，提高学生的自主学习能力。例如，教师可以在英语课堂上用多媒体展示学习任务，然后将学生分为若干小组，并根据小组的学习特点和基础合理分配学习任务。同时，在英语教学过程中还应当充分重视学生的主体地位，引导学生走出课本和课堂，运用信息技术和工具，了解更多的英语学习信息。这不仅可以提高学生的英语学习兴趣，还能够增强学生的自主学习能力，开阔学生的文化视野。目前，我国大部分高校都已经建立了校园网络，办公楼、教师公寓、教学楼和学生宿舍楼之间可以实现资源共享。学生在日常的英语学习中若遇到难题，就可以通过校园网络与同学和教师及时进行沟通交流。教师也可以通过网络及时了解学生在英语学习中遇到的困难，进而及时给予针对化指导。此外，还可以开设英语网络课堂，便于学生通过相关的网络平台进行英语学习，使英语教学突破地域和时间限制。教师也可以通过网络学习平台随时随地地与学生进行沟通，并根据学生在网络平台上的反馈信息，及时调整教学目标和内容，并针对不同层次的学生制定相应的教学计划，增强英语教学的针对性，进而做到因材施教，鼓励学生的个性化发展。

（二）运用信息技术丰富教学方法

在信息化时代背景下，教师应当在英语教学过程中合理运用幻灯片、多媒体、录音设备，将抽象的英语知识转化为音乐、视频、图片等形式，增强英语教学的直观性和形象性，并丰富英语教学方法，从不同侧面挖掘学生的英语学习潜力。例如，教师可以根据教材内容为学生播放相关的音乐和影片，让学生描绘自身的听觉和视觉感受，并以小作文的形式叙述自己的观后感。此外，教师还可以通过 QQ 视频和微信语音等形式，回答个别学生在日常生活中遇到的英语学习问题。这不仅可以融洽师生关系，还便于提高学生的英语自学能力。当然，教师也可以将学习任务以邮件的形式发至学生邮箱，安排学生及时预习或复习。

（三）运用信息技术加强学习互动

教师可以在应用型大学英语教学过程中用音频资料、计算机网络、视频资料和各种教学软件，生动地呈现教学内容，并结合学生的情感和认知特点，合

理设计符合学生学习需求的教学活动。当然，教师在应用型大学英语教学过程中还应当遵循“刺激—反应”原理，根据学生的学习反馈，及时调整教学方法和教学内容，引导学生在刺激、反应、训练、强化的过程中逐渐掌握相关的英语知识。同时，在应用型大学英语教学活动中还应当设置教师提问、错误处理、小组互动等教学活动，加强教师与学生之间的互动。此外，还应当建立“生生社区”，并在英语角、学生宿舍、社会实践、自主学习体验中心等平台上开展英语教学和交流。教师可以运用网络和计算机软件，为学生分配英语学习任务，并鼓励学生合作完成。这不仅可以及时巩固学生在英语课堂上习得的知识，还可以通过读、听、写、说等实践活动，提高学生的参与性，加强学生之间的沟通，增强学生的自主学习能力与团队协作精神。在“生生社区”中，教师既可以安排两人或多人直接交流，也可以借助通信工具进行师生互动学习。其中，双人互动以一对一的形式进行英语交流和学习，相较于小组合作学习，这种模式加强了合作共同体的责任意识。在这种一对一的英语学习中，每个学生都承担着不可缺少的角色任务，少了任何一方，英语学习任务就无法顺利完成。小组互助则由几个英语学习程度各异的学生共同组建，他们采用互动或合作的形式共同完成一项英语学习任务。显然，这种以信息技术为载体的“生生社区”便于学生研讨英语问题，可以有效增强学生的集体智慧和协作精神。除此之外，还可以运用网络教室、多媒体实验室、校园网络论坛等信息平台构建“生机互动”学习模式。在这种模式下，教师可以运用计算机、网络和数据库，帮助学生搜集、归纳、整理和存储英语学习资源，有效拓展学生的英语学习空间，为学生营造个性化英语教学环境。教师还可以在此基础上给予系统化导学计划，引导学生进行交互性学习。

第二节　现代信息技术生态环境下应用型大学英语课堂教学优化

随着网络与现代信息技术的不断发展，应用型大学英语课堂已经与传统课堂产生了很大区别。大数据时代对高校英语教学的冲击，使英语教学资源不再仅限于课本，而是结合了网络与社会多方面的立体化资源。在微课、翻转课堂这些现代化教育技术的影响下，高校英语课堂需要摒弃传统的课堂教学模式，逆转师生之间关系，使教师从“主导者”转变成“引导者”，而学习者成为影响应用型大学英语教学实效性的主要因素。高校教学环境在自主语言学习中心、多媒体课堂、互联网的影响下，从原本的封闭式变成了呈现智能化、网络化、数字化的开放式生态系统。基于现代教育生态学角度，应用型大学英语课堂已成为一个生态系统，由“现代信息技术、教师、课堂、学生、教学资源”等多种生态因子构成。因此，高校英语课堂的优化，需要从教育生态学的视角，在信息技术环境下，对高校英语课堂的教学方式进行全面立体的分析与创新，从而实现高校英语教学生态系统的和谐。

一、应用型大学英语生态课堂的基本概述

教育生态学作为一门新型学科，主要内容是研究教育与其周边生态环境是如何相互作用的，旨在找出其中的机理与规律，在教育过程中，重点关注环境与生物的共生和谐生存状态，是应用型大学英语课堂构建生态模式的重要改革途径。根据教育生态学的内容分析，课程、教师、学生与教学环境等作为生态因子，共同构成课堂这一微观生态系统，在这个生态系统中，生态因子之间传递与交换着信息、物质与能量。

在教育生态学方面，应用型大学英语生态课堂需要分析、研究、关注教学过程中的每一个课堂生态因子。应用型大学英语注重生活实践性，旨在培养学生的英语实际应用能力，学生这个生态因子需要主动进行学习过程，在系统中占据主体地位，在其他生态因子的辅助下，实现自身的全面发展。教师生态因子在课堂生态系统中发挥重要的主导作用，需要在教学中对学生进行引导并在合适的时间注重角色的转换，从而实现更好的生态功效。在生态系统中，课堂环境属于非生物因素，为顺利开展教学活动提供基础，包括教学资源、教学方法、信息技术等。应用型大学英语课堂作为一个微观生态系统，需要系统中的生态因子在自身最佳生态位上，进行各自功能与作用的有效发挥，从而确保生态系统的稳定，提升应用型大学英语课堂的教育实效性。

二、现代信息技术生态环境下应用型大学英语课堂教学的现实问题

（一）教学环境的生态失衡

现阶段的应用型大学英语课堂，存在一定的教学环境的生态失调现象，主要表现是课堂生态与课堂生态主体之间的失衡。在教育生态理论中，含有最适度原则与耐度定律，说明在一定的时空内，环境容纳总量与资源承受力在一个生态系统中是恒定的，而现阶段的高校中，英语教师的平均教学人数大约

是 60 ～ 70 人，远远超出了应用型大学英语这个生态系统的最高承受能力。师生作为应用型大学英语生态系统的主体，获取英语教学资源的需求受到人数的压力限制无法得到满足，造成自身心理与生理的双重压力。此外，在高校英语课堂这一生态系统中，存在人口密度过大的问题，使教师这一生态因子对不同学生生态因子的学习需求与能力，很难进行充分的了解与具有针对性的个性化教学。

（二）教学资源的生态失衡

现有高校英语教学过程中，存在教师与学生对于教学资源进行低值使用的问题。教师低值使用教学资源体现在应用型大学英语课堂教学过程中，教师对于传统教学资源存在一定依赖性，教学内容的呈现，多是以纸质教材课本为中心，多媒体课件形式为辅。甚至部分教师认为使用多媒体课件对于他们讲解课文产生了一定阻碍作用。教师教学观念与教学形式的传统滞后，不能符合现代信息技术与英语教学手段的相关要求，造成了教学资源的失衡。学生低值使用教学资源体现在长时间面对计算机，学生会觉得学习枯燥乏味，学生进行网络学习，更多的是在被动地完成学习任务，从而影响学生综合能力提高。在学生对于信息技术学习缺乏主动性与学习热情的情况下，高校设立的计算机学习中心成了学生的机房。

（三）教学课堂的生态失衡

高校英语教学的课堂失衡主要表现是课堂中生态主体关系的失衡，教师与学生关系疏离、学生与学生关系疏离是课堂教学失衡的主要体现。课堂主体关系失衡的原因有两方面：一方面，高校在外语师资不足并且生源扩招的情况下，引发高校英语教师与学生的比例失衡，使教学不能结合学生特点，满足学生个性化需求；另一方面，信息技术从课堂中的辅助教学方式转变成主要教学方式，为学生英语学习提供了数字化、网络化、智能化的新环境，使人机互动多于人人互动，使人机交流机会有所降低。应用型大学英语教学采用分级教学，在实现因材施教、提升教学质量的同时，对原有的生态格局也进行了破坏，使学生这一生态因子需要重构人际圈，在环境改变、群体归属感缺失的情况下，增加了学生的心理与生理压力，影响了学生这一生态主体在课堂生态系统中发挥作用。

三、现代信息技术生态环境下应用型大学英语课堂教学优化路径

（一）构建生态化教学环境

在教育生态学中，强调人的发展过程是与环境逐渐相互适应的过程。随着信息技术的不断发，传统应用型大学英语教学的环境已经发生了本质上的变化。社会是高校英语教学的重要外部环境，课堂则属于高校英语教学的内部环境，而高校英语教学内外环境的连接需要通过网络与计算机这一通道来实现。应用型大学英语教学作为一个新的生态系统，系统中的教师生态因子需要实现自媒体、移动终端、网络平台的充分利用，并以此来进行高校英语课堂教学的延伸，使学生能够不受空间与时间的限制，对于英语课程进行随时随地的学习，并且能够根据自身需求，结合自身英语水平，有针对性地进行英语课程与活动的选择。高校英语教师需要提升学生生态因子在社会学习环境因子中的适应程度，引导学生与真实的语言环境进行接触，提升学生的英语水平，使得学生的英语学习不再仅限于课堂这一个学习环境，而是让学生融入社会学习环境的开放生态系统之中，实现英语教学环境的生态化平衡。

（二）构建立体化教学资源

高校英语传统教学资源主要是纸质平面教材，呈现内容比较单一，存在机械模仿与操练的问题，无法符合当代高校学生的学习与心理需求。随着网络信息技术的不断发展，学习者在获取信息的过程中，认知方式也发生了相应的变化，高校学生获取英语学习资源的方式呈现多样化，学生更喜欢视觉与听觉结合的多模态信息供给方式，根据学生的这一特点，高校英语教学资源的立体化构建，具有满足学生学习需求的重要意义。因此，高校英语教师需要转变传统教育观念，结合纸质课本、计算机网络、多媒体光盘、信息技术等，构建高校英语课堂立体化教材，实现英语知识向学生传输的多模态信息输入模式，提升学生英语语言学习的效果。例如，在“Culture Shock”（文化冲击）的教学过程中，教师需要先借助纸质教材向学生讲授语言要点与文化背景，针对文中的语言点，指导学生进行相关操练，在课后，运用多媒体光盘立体演示教学内容，讲授相关知识，借助网络平台构建虚拟交际场景，使学生对文化冲突的成因与解决办法进行自身的探索、了解与反思，从而实现高校英语教学资源的立体化构建。

（三）构建个性化教学课堂

高校英语课程体系为呈现生态化，需要将信息技术融入课程设置，实现高校英语特色化教学。高校英语教师需要结合现代信息技术、利用信息资源，设计出符合学生不同学习需求的个性化教学方案。个性化的课堂教学设计，需要从宏观与微观两方面进行：宏观上，教师需要对学生的专业需求与英语水平进行充分的调研，并针对不同专业、层次、学科的学生设计个性化教学框架；微观上，教师需要借助计算机，调查分析学生的学习风格、学习习惯、学习动机等因素，并进行分组化教学，针对小组的特点给予相应难度的学习任务，并按照不同标准进行评估，使学生在进行教学任务的过程中，增进彼此关系。教师要针对学生的差异性需求，为其创造一个和谐的课堂环境，即适当的生态环境，使大学生能够产生相应的心理环境，在这样的课堂生态系统中，实现最佳的教学效果。

在时间方面，生态系统通常会表现出一定的自身变化特征，这种变化过程属于一种演变过程，是生态系统的形成、成长、繁荣到灭亡的过程，也是生态系统由低级到高级、由简单到复杂的成长过程。教育生态系统的发展，属于一种动态发展过程，在平衡—失衡—平衡的过程中不断地进行演进。借助教育生态学的相关理论与研究方法，对我国高校英语信息化教育的变化与发展进行审视，有利于高校在计算机网络、应用型大学英语课程、现代信息技术三者整合的过程中，探索其中出现的相关复杂问题，发现有效解决失调现象的办法。为构建生态化教学环境、构建立体化教学资源、构建个性化教学课堂三个方面实现高校英语课堂教学的优化。

第三节　信息技术支持下的应用型大学英语智慧课堂构建

随着“互联网 +”大数据时代的到来，大量新的现代信息技术开始在各行业应用起来，给教育行业带来冲击和新的变革契机。应用型大学英语作为高等教育的重要组成部分和大学生必修的基础课程，面临着新时期的挑战。学生对其满意程度有所降低，究其原因如下：应用型大学英语教学内容与中学英语相似；教学理念和教学方法比较传统；丰富多样的网络教学资源使教师不再具有以往的吸引力。如何使应用型大学英语教学符合时代发展趋势，更好地满足学生需求，成为英语教育者研究的要点。

一、智慧课堂概述

智慧课堂是当前教育界新兴的研究课题，它从教学理念和教学方法上突破了传统教学模式，吸引了越来越多研究者的关注。智慧课堂有以下两方面的含义。

（一）课堂智能化

当前的多媒体教学主要采用传统网络、台式计算机、投影仪，把教学内容以图片、文字、声音、视频等多种形式展示给学生，扩大了课堂教学信息量，吸引了学生的注意力。然而，它存在一些弊端和不足之处：教师过分注重课件，忽略板书和师生交流；课件的快节奏切换使学生容易疲劳，没有时间思考；投影仪的清晰度和教室里的不同位置直接影响着课件观看效果；课堂学习没有延伸到课外等。

智慧课堂把先进的信息技术（无线网络、云计算、移动终端、交互式一体机、人工智能等）融入教学，创建人性化、个性化、信息化的学习环境。学生可以通过自己持有的移动终端设备，根据自己的需求自由选择合适的学习资料，不限时间、地点地进行学习以及与教师或同伴进行互动交流。此外，大数据分析技术能记录学生的学习轨迹，分析知识掌握情况，提供客观科学的数据，帮助教师做出准确的学业诊断，有针对性地调整自己的教学策略和内容，做到有的放矢，提高教学效果。

（二）教学模式智慧化

中学英语教学以传递语言知识为主，应用型大学英语若仍停留在“讲—听”层面上，教学理念和方法没有发生质的变化，很难走出当前困境。智慧教育强调培养智慧型人才，智慧不等同于知识，是思维的结果。智慧课堂以促进学生高级认知能力、思维能力和解决问题能力发展为教学目标，通过建立自主、合作、探究的学习模式，引发学习主体的参与、体验、互动，从而实现知识的习得和思辨能力的提升。智慧课堂是信息技术、教学资源、学习环境、教学方法、思维和能力培养的有机结合体。

二、应用型大学英语智慧课堂信息化平台的特征

（一）教学资源共享性

信息大爆炸时代，繁多的教学资源要求大容量的存储设备，而移动硬盘、

U 盘等已经无法满足这一要求。作为新兴的网络存储技术，云存储能实现智慧课堂信息化平台庞大网络教学资源库的功能，教师把每节课的课前预习、教学课件、课后作业等资源放在云存储上，学生可以随时随地地通过网络终端设备存取数据，实现教学资源的集中、开放和共享。课堂上学生通过校园 WiFi 和智能手机、PAD 等，自由选择和获取资料到自己的移动终端上，按自己的学习节奏停留、快进、后退到自己需要的内容，在此基础上形成个性化笔记，从而解决看不清课件以及被动学习的问题。

（二）个性化、自主、终身学习

由于移动网络技术的快速发展，智慧课堂信息化平台使学生不再受课堂、台式电脑、图书馆等时间和空间的限制，学生能随时随地地获取信息和学习知识，并且将学习资源根据知识点设计成微小单元（一篇短文或者三五分钟视频），因此学习状态可以是非长时间连续性的，任何零碎时间都可以利用起来。这样课堂学习就延展到课前和课后，学生根据自身的需求接入需要的学习信息，学习过程以自我为导向，满足了个性化学习、自主学习和终身学习的需求。

（三）交互性

学习的本质不是单向地从教师到学生的知识传递，而应是双向的、交流的、沟通的过程。智慧课堂上，学生在教师的引导下进行社会性学习，完成知识构建、情感培养、能力发展。智慧课堂信息化平台的交互功能弥补传统教学中师生之间的沟通不足，允许师生之间以文字、图片、语音、视频等多种形式进行即时通信。教师通过平台进行点名、通知、答疑、个别辅导，学生与学生之间围绕学习问题进行头脑风暴、交流、讨论，可以实现投票、问卷等互动。

（四）数据统计分析

每位学生的每次学习情况长期积累下来就形成大数据。云技术除储存外，最主要是对大数据进行计算和处理。教师把学习资料、习题等上传到平台，系统对学生的学习行为进行跟踪记录，自动改卷，统计各个题目的得分情况，即时反馈信息等。基于数据统计分析结果，教师能清楚掌握每位学生的学习情况，反思前面的教学实践，做出准确的学情分析，增强教学内容的方向性和针对性，调整教学难度和广度，采取合适的教学策略。

三、应用型大学英语课堂教学模式智慧化

（一）启发式教学

课堂上，教师教学应“以启发思维为主、传授知识为辅”，多给学生留思考空间，可以通过提问的形式引导学生观察和独立思考，使学生自己推理得出结论，必要的时候教师给予提示而非答案。学生通过语言现象分析社会和文化问题，以语言为媒介思考和谈论深度问题。

例如，Food and Drinks（饮食）是英语教材的常见话题，目的是让学生掌握与食物相关的英语词汇以及点餐的表达方式。在这堂课的思考环节，笔者给学生展示了一些普通家庭购买的一周食物图片，让学生猜测是哪个国家的，让学生表达自己对不同国家生活水平差异的感受。学生表示要感恩自己的幸福生活。

（二）培养创新思维能力

突破常规思维，敢于探索和创新是个人发展的持久动力。教师要建立宽松活跃的课堂氛围，鼓励学生质疑、尝试和创新。

例如，Job Interviews（工作面试）这个话题主要让学生熟悉和掌握工作面试流程和常见的面试问题。笔者在课堂上让学生以面试官的身份提出一些建设性问题，培养学生的创造精神。

（三）创设真实的教学情境

教学情境能有效优化教学效果，外语学习更是如此。教师要把外语与日常学习、生活、工作环境紧密联系起来，通过体验强化感知。

例如，Advertising（广告）让学生学会用英语谈论广告。笔者假设课堂是产品推介会，要求学生展示自己设计制作的产品海报，运用情感、逻辑、信誉三大说服技巧，在班级上做 3 分钟左右的推销演说，产品可以是真实的。笔者鼓励学生想象创新，使学生把语言与真实生活相结合，理论和实践相结合。

（四）组织互动协作学习

互动协作学习中，学生会发生了解、表达、冲突、协商、决策等行为，其中的情感体验和思想交流能促进学生高层次思维能力的发展，培养学生的协作意识和创新能力。在 Disasters（灾难）话题课堂上，笔者把学生分成五人一组，假设不同身份的他们在海洋上巡游，突遇事故游轮即将下沉，而唯一的逃生工具救生艇上只能承载三个人，每位成员要在十分钟内努力说服别人获得逃生机

会。小组活动中每位学生都积极参与进来，在冲突中碰撞出智慧的火花，活跃的思维促进了丰富的语言表达。

现代信息技术的迅速发展为教育行业变革带来机遇和挑战。在智慧教育理念指导下，智慧课堂以学生为中心，把信息技术与课内外教学融合起来，实现教学资源共享，创造智能化教学环境，利用大数据技术创新教学方法，促进学生思维能力的发展。智慧课堂的建设研究还在探索阶段，教师应加强实践，对其进行检验和完善。

第四节　信息技术支撑下的应用型大学英语后续课程建设

随着互联网技术的发展，网络信息技术被广泛地应用于社会生活的各个方面，人与人之间的空间距离被无限缩小，沟通无处不在，地球村不再是一个理论构想。依托互联网技术的全球采购、全球互联、全球金融的发展愿景也已基本实现，信息技术正在加速推进人类社会的集体转型。教育界作为科技革命的第一阵地，既是科技进步的源动力，也是科技成果的直接受益者。《国家中长期教育改革和发展规划纲要 (2010—2020)》中有着非常明确的表述：“信息技术对教育发展具有革命性影响，必须予以高度重视……把教育信息化纳入国家信息化发展整体战略……强化信息技术应用。提高教师应用信息技术水平，更新教学观念，改进教学方法，提高教学效果。鼓励学生利用信息手段主动学习、自主学习，增强运用信息技术分析解决问题的能力。”

一、应用型大学英语后续课程建设与发展的时代背景

20 世纪 90 年代中期以来，中国的学校英语教育经历了一段高速发展的黄金时期，全社会对于学生的英语教育投入了极大的关注热情。从宏观层面来看，各级教育部门纷纷加大对英语教学的投入和支持力度，英语成绩在学生的综合评价中长期保持重要占比。在各个层次的升学考试中，英语都是必考科目，甚至事业单位职称评定以及公务员的职务晋升都要经历英语能力测评。在此背景下，中国掀起了一场几乎人人学英语的学习热潮。中国人现在不但可以与外国人用英语流利交流，甚至还可以用英语完成文学作品和高质量的学术论文。在世界一流的英语学术期刊上也不断地出现由中国人署名的论文，在国际学术研讨会上，中国学者也能用熟练的英语完成大会发言。

与国人英语水平快速提高形成鲜明对比的是高校英语课程设置日益落后的现象，无法满足学生的英语学习要求。这主要体现在以下几个方面：首先是教材落后，一些应用型大学英语教材相比较于高中英语教材只是在词汇量的要求上有差别，教材内容却大同小异，教学目标不明确，教学理念不突出；其次是教学方法落后，一些英语课程依然沿袭传统的授课方式方法，课堂教学内容依然是听、说、读、写、译的语言技能训练，以文化教学为基础的通识教育基本被忽视，学生英语学习的兴趣减弱，课堂气氛沉闷；最后是课程评价方法单一，终结性评价依然是学生成绩评定的主要手段，仅仅依靠期末考试的一纸试卷成绩显然无法全面客观地反映学生的英语学习水平。因此，应用型大学英语课程改革势在必行，本轮改革不得不改，不能不改，不改不行。

应用型大学英语后续课程建设是应用型大学英语教学改革的全新有益尝试，改革后的应用型大学英语课程体系将更加符合当代大学生的英语学习需求，大大减少了只针对听、说、读、写、译为主的语言技能训练内容，增加了学生的通识文化学习，这将有助于改变传统应用型大学英语教学费时低效的落后面貌。在通识教育逐渐回归教育本位的高等教育综合改革工程中，应用型大学英语后续课程建设不仅是英语教育界的自我创新，同时也为适应中国高等教育发展的新环境和新常态奠定了良好基础。应用型大学英语后续课程建设不仅是教学内容的改革，同时也是教学方法、教学技术、评价手段的全面改革，这就要求我们必须发掘互联网技术的巨大潜力，充分利用网络信息资源，与时俱进、敢于创新，推动应用型大学英语教学改革的稳步向前。

二、信息技术与应用型大学英语后续课程建设

应用型大学英语后续课程建设正好发生在互联网技术全面应用于现代教育技术改革之时。因此，后续课程的建设与发展要充分利用信息技术为教学改革搭建的全新平台，不断探索新的教学内容和教学手段。

互联网的发展为更新教学内容提供最直接的信息来源。计算机网络技术融入应用型大学英语课堂中，给英语教学带来前所未有的冲击。学生可以通过网络轻易获得教师的传统教学内容，而且是图文并茂的更加生动的学习资源。如果英语教师还在沿袭旧法，将失去对课堂教学的掌控能力，英语课堂将会陷入教无可教、学无可学的窘境。因此，后续课程的建设必须要充分利用互联网的海量资源，实时更新教学内容，注重理论与实践相结合。与时俱进的课堂教学内容是保证课堂教学质量的基础和前提，而教材具有滞后性的特点。在信息爆

炸的互联网时代，有些教材在编写时所介绍的还是全新的理论，而等到编辑出版后，里面的内容就已经过时，这必将严重损害教师教学和学生学习的热情。

信息技术为丰富教学手段提供技术支撑。计算机三大关键技术的日益成熟和完善为保障立体教学效果提供了最有力的坚强后盾。三大关键技术包含人工智能技术、数字化技术以及信息和网络技术。

信息技术的发展为实现应用型大学英语的立体化教学创造了可能。应用型大学英语教学模式逐渐由封闭式、单向性的知识与技能传播转向开放式和多向性，呈现出多元化的趋势。教学环境也呈现出开放性、交互性、协作性、多元性等特点，学生逐渐有机会在课外通过多媒体教学光盘等资源学习英语，提高英语运用能力。特别是翻转课堂、微课和慕课等全新教学手段和理念的出现，更是将信息技术在教学手段上的应用发挥到极致。这几种教学手段的核心理念都打破了传统课堂教学在时间和空间上对于学习者的束缚，实现了优质教育资源的共享，扭转了教育资源分配不均衡所带来的教育公平缺失局面。

应用型大学英语后续课程建设不仅是教学内容建设，也是教学手段和方式的不断成熟，信息技术可以发挥显性课程和隐形课程的优势互补。通过建立网络虚拟课堂、虚拟自习室，师生之间可随时保持互动，课后作业的形式也可因此变得多种多样。甚至还可以把一部分教学内容通过虚拟教室进行讲解和答疑，这样可以提高现实课堂教学的学术价值，提高课堂教学效率，使立体化教学不再是一纸空谈。

信息技术不是提高应用型大学英语课堂教学质量的唯一手段。教学改革的顺利完成必须依靠广大一线教师的认真实践才能实现。信息技术只能是辅助教学手段，教师才是教学的根本，否则，学校教育也就失去了存在的基础。在充分享受信息技术提供的现代化教学手段的同时，也必须清醒地认识到科学技术的自身局限性。应用型大学英语后续课程的建设少不了互联网信息技术的全面应用和支持。但一味夸大辅助教学手段的先进性会削弱教师在教学中应有的地位和作用。必须警惕课堂教学由过去传统的教师“一言堂”向计算机“一言堂”的转变。长此以往，教学改革也将归于失败。

信息和网络技术带来了“虚拟教育”、数字卫星通信系统、移动数字通信系统，因特网及其他网络具有覆盖面广、资源广泛共享、时空超越限制等特点。信息和网络技术使学习过程的互动性和自主性成为现实，学校没有了围墙，师生转变了传统的教学观念，这一切为大学外语课堂教学的发展带来了新的契机。一方面，教师要积极投身教学改革，学习全新教学手段，实现教学理念和教学方式的不断更新升级；另一方面，也要合理规划，坚持教师在教学中的应有地位和作用，建构科学合理的网络教学生态环境，保持信息化网络教学的生态平衡。

应用型大学英语后续课程建设还必须坚持以人为本，关注学生与教师的情感建设，不能用科技进步代替人文关怀与心灵互通。从师资培养的角度来说，广大的英语教师需要一段时间的系统学习和实践才能熟练掌握并应用互联网多媒体教学技术，在这一过程中，学校应对英语教师开展技术培训，并给予政策鼓励，吸引广大英语教师积极投身到教育改革实践中来。特别要保护好英语教师参与教学改革的积极性，灌输正确理念，确保教师在教学改革中的核心地位。此外，多媒体教学信息平台的建设不能取代师生之间的面对面交流和沟通，教师在课堂上应充分发挥教学引导作用，以学生为中心，进行互动话题讨论，培养学生的批判性思维能力和独立思考能力，彻底改变长久以来“填鸭式”教学所形成的学生被动式接受和被动式学习的教学方法。学生的创新意识和创新能力将在这一良好氛围中得到培养和升华，进而为学生的应用型大学英语课程后续学习和能力发展奠定坚实基础。

第五节　信息技术环境下应用型大学英语教学资源整合

一、信息技术环境下应用型大学英语资源整合的背景

在《基础教育课程改革纲要（试行）》文件中，教育部重点提出，要大力推进信息技术在教学过程中的普遍应用，促进信息技术与学科课程的整合，逐步实现教学内容的呈现方式、学生的学习方式、教师的教学方式和师生互动方式的变革，充分发挥信息技术的优势，为学生的学习和发展提供丰富多彩的教育环境和有力的学习工具。2015 年 7 月 27 日，在《关于深化职业教育教学改革全面提高人才培养质量的若干意见》中，教育部又指出，要积极推动信息技术环境中教师角色、教育理念、教学观念、教学内容、教学方法及教学评价等方面的变革。可以看出，当前无论是政府还是教育部门，都极其重视信息技术与应用型大学英语课程的整合研究。

应用型大学英语是一门基础学科，又是一门纯理论性学科。应用型大学英语学习可以帮助学生扩大知识面，也可以帮助他们把握时代脉搏，提升自身文化素养。各院校虽已投入大量资金购买信息化设备，但由于教师信息化技术利用水平总体不高，在很大程度上阻碍了信息技术与英语教学资源的整合，进而影响了教学质量，使得教学效果达不到预期效果。

应用型大学英语作为大学类院校一门必修类的课程，在应用型大学英语教学中占有很重要的地位。目前大学课堂教学主要以大班形式授课，教师在台上讲，全班学生在下面听，多数学生都是被动的接受者。然而随着“一带一路”倡议的实施和推进，我国与世界各国之间的文化和经济交流日益频繁，对英语人才的需求也日益热切，但是目前大多数学生英语基础薄弱，都普遍反映听不懂、没兴趣。加之教师没有组织好英语课堂，也没有营造良好的学习氛围，导致学生大大降低了学习英语的兴趣。此外，很多教师在教学实施中，没有使用信息技术组织和开展教学，使得教学效果很不如人意。

二、信息化背景下应用型大学英语教学资源整合的理论基础

（一）人本主义学习理论

人本主义心理学是以学生为中心，强调学习者为主体，其学习观点是必须尊重学习者。始终相信真正的学习者能自己提升自己，开发潜能，并最终达到“自我实现”的目的；同时要建立良好的师生关系，培养情感，创设良好的学习情境，帮助学生自我实现，培养自主学习能力。

在教学过程中，教师应当尊重差异，遵循学生发展成长规律，以学生为主体，充分调动学生的学习主动性和积极性，培养好教师和学生和谐、融洽的关系，这无疑对克服传统教学不重视学生学习的主动性的弊端有很大的帮助。

（二）建构主义学习理论

建构主义学习理论认为学习是在一定的文化背景或情境下，通过学习者之间合作，运用已学的知识，对已有的信息进行新的知识建构。

学习过程中，学习者一方面以已有的知识经验为基础，通过对外界的了解和观察，对新获取的信息进行加工处理，以达到对新信息意义的建构；另一方面，学习者对新信息的理解后又要对自己原有的经验进行改造和重组，获取新的意义。

建构主义核心思想就是以学生为中心，其中以知识建构、创造力和信息处理为核心，遵循学习规律，与英语教学资源整合的要求相吻合，倡导以学生为主体，协作学习为基础的应用型大学英语教学模式。

三、应用型大学英语教学资源整合策略

（一）整合线上学习资源，建立信息化自主学习平台

随着“一带一路”的实施，应用型大学英语教育在信息化环境下的教学任务就是要为社会经济发展培养复合型应用人才，符合沿线国家经济贸易往来需求的各种专业性人才。应用型大学英语教学应当利用学科专业知识培养技能型人才，使学生的英语知识学习更加具有针对性。信息技术具有交互性、开放性、丰富性等特点，在信息化发展迅速的时代，应用型大学英语教学应充分发挥其优势，为学生提供丰富的教学资源。

信息化技术为应用型大学英语教学提供了现代化有效的教学方法，通过利用现代化教学网络平台，结合所在高校应用型大学英语教学实际情况，建立一个资源丰富的信息技术英语自主学习资源整合平台，以声音、微课录制和教学视频等制作资料，创设一个真实存在的学习资源库。在库中，可以整合应用型大学英语历年的真题、预测题和英语等级相关试听材料，也可以增添一些关于国外文化、“一带一路”沿线国家社会习俗、背景相关的新闻，不仅可以帮助学习者开阔了眼界、增长了见闻，还可以使他们在学习的过程中利用碎片化时间提高自主学习能力。

（二）创新教学模式，培养学习者自主学习能力

信息化教学是一种全新的教学模式，在应用型大学英语教学中，要设计出全新的信息化教学模式，应巧妙地灵活运用各种信息化教学手段，以学生作为课堂主体，以达到培养学生的自学能力与表达能力的目的。教师在导入新课环节中，可以根据不同的教学内容和侧重点，在分析学习目标和拓展教学内容的基础上，凭借信息资源的丰富性与交互性，从不同角度为学生提供各种信息化教育资源，激发学生学习兴趣，提高英语学习水平。

教学过程中，教师可以使用目前流行的翻转课堂教学法。首先，教师通过网络平台将要学习的资料上传至云端，内容要定期更新和丰富，尽可能选择学生感兴趣的话题，让学生主动参与学习。学生也可以根据个人情况和时间自主学习和选择性地关注相关内容。此外，教师可将教学内容进行整理和分类，为学生创建有趣的英文学习情境，根据教学需要结合教学实际，积极去探索和寻找有利于创设教学情境的英语教学资源，如电影、话剧和主题内容等，提高学习者的积极性和主动性，使学习者投入英语情境中，主动参与学习。

（三）提高教师教学业务水平，丰富信息化教学方法

信息化时代环境下，各类大学院校虽已配备了各种各样的信息化教学设备，硬件资源条件也有相应的开发，但与之相对应的是教师信息化教学设备技术利用和能力的薄弱及匮乏。在信息化教学发展的过程中，为了充分发挥广大教师在信息化技术使用中的优势，使得信息技术与教学实际能够有效结合，各类大学院校就要不定期对教师进行相关的整合式信息技术培训，不断改进信息化教学方式，使教师达到预期的教育教学目标。

信息化背景下高校英语教学资源的有效整合，是符合当今时代潮流的主流教学模式，已逐渐成为现代化信息技术教学未来发展的必然方向。通过线上教学资源整合和更新、教学模式不断创新、加强教师信息化教学能力培训，就能有效地整合应用型大学英语教学资源，不断丰富网络教学资源，促进学生英语应用能力提升，为社会发展培养一批复合型人才贡献力量。

第五章　应用型大学英语教学方法的改革研究

第一节　应用现代教育技术转变应用型大学英语教学方法

在我国的经济和科技水平不断提高的背景下，高等教育取得了突破性进展，不过，随着社会不断发展进步，对人才培养提出了更高的要求，特别是对于外语人才的培养来说，它在普及外语工作中扮演着重要的角色，是各个高校都努力开展的工作。正如大家知道的，英语是目前世界上使用最广泛的语言，而自从我国加入世界贸易组织以来，很多国外的公司都来我国进行投资，奥运会的成功举办也向世界展示了中国的风采，中国正在朝着经济大国努力迈进，正在努力和世界接轨，在世界的大舞台上，中国也将发挥更多的作用，在这一背景下，各个单位对于英语人才的需求较多，同时也对个人的英语听说读写能力提出了更高要求。本节以实践为基础开展研究，反思传统应用型大学英语教学存在的缺陷，同时分析应用型大学英语教学中现代教育技术媒体的“最佳适用点”使应用型大学英语教学有了新的发展途径。

一、传统应用型大学英语教学存在的缺陷

从现在来看，目前的应用型大学英语教学成果是历代英语教育者共同努力得来的，所以关于应用型大学英语的教育经验已经相当丰富，在以上经验的带领下，培养出了很多高素质的英语人才，不过，当下应用型大学英语教学仍然存在着一定的问题，具体来看主要有以下几点。

（一）应用型大学英语教学模式过于单一

应用型大学英语教学一直在努力改革，从2004年，教育部组织制定了《应用型大学英语课程教学要求(试行)》以后，我国的应用型大学英语不断进行改革，但是在具体的应用型大学英语教学实践里，仍然以教师作为教学过程的核心，实行的是“满堂灌”的教学模式。在课堂的授课过程里，教师一味地讲解在课文中出现的英语知识，分析课文的语法结构，忽视了学生的主观能动性，不利于提高学生的学习兴趣。

（二）学生在学习过程中缺乏练习

在传统的应用型大学英语教学模式下，学生被动地接受知识，在课堂的学习中，他们只局限于对知识的记忆，对于英语的学习局限于背诵层次上，具体的实践练习机会比较少。另外，学生缺乏课堂之外的练习，所以会导致出现哑巴英语的现象，就算学生可以做题，也可以在考试中取得好的成绩，但是不能用英语和人沟通交流。

（三）媒体应用存在形式主义

我国的教育改革正如火如荼地开展，这在一定程度上也冲击了应用型大学英语教学。越来越多的多媒体技术被应用到应用型大学英语教学工作中，不过，很多教师在应用中仅仅发挥了教育技术的以下几个作用：第一，教师单纯地向学生展示自己的多媒体应用技术；第二，有效地减轻自己的备课工作量。很多学生发现，教师的课件内容在教材上都有所体现，这样一来，他们认为不仅可以不用记笔记，课也可以不用听，长此以往，所谓的多媒体教学就变成了形式主义。

（四）教与学的观念高度统一

从现在的状况来看，应用型大学英语的教和学是高度统一的，对于每年两次的大学英语四、六级考试来说，其规模比较大，而且参加的人数也比较多，有利于全面提高大学生英语的水平，也可以督促学生学习英语。然而，很多高校把教师评优和评职称与学生的大学英语四、六级考试成绩挂钩，使很多教师不得已只能把大学英语四、六级考试当作指挥棒，仅仅为了培养学生的应试水平。在这一背景下，学生为了通过大学英语四、六级考试，用题海战术蒙蔽自己，对于实际运用能力的重视力度不足，因此导致个人的探索能力和实践能力不高。

（五）学生水平存在一定差异，对于教材的理解不够深入

对于应用型大学英语的教学来说，它倾向于对词汇的用法和新的、多种表达方式的应用，这就导致了基础较差的学生难以更好地理解教师讲述的内容，长此以往导致学生难以吸收教师所讲授的知识。另外，因为社会上的英语复习资料比较多，有的复习资料传授的应试技巧存在不合理性，就拿一些材料的英语阅读理解来说，有一部分教学材料认为学生完全看不懂材料也可以选出正确答案，这无疑会阻碍学生学习英语的积极性，对于学生英语的实践能力产生不良影响。

二、应用型大学英语教学中现代教育技术媒体的“最佳适用点”

在教育媒体里，现代教育技术媒体是其中关键的一部分，是对 19 世纪以来人类社会产生的多种科学技术的应用。这些科学技术有广播、电视、录音、投影和计算机等，这些不一样的多媒体有各自的优势和特点，在应用型大学英语教学实践中，它们被应用到多个方面，因此，要寻求多种教育技术的最佳适用点，使各种教育技术可以代替其最大价值。通过和自身实践相结合，使多媒体教育技术的效果最大化。

（1）在进行英语听力、口语练习时，要通过录音媒体辅助开展。对于录音媒体来说，它是在英语教学中应用最广泛的现代教育技术媒体。另外，录音媒体还凭借其可控性和操作简单的特点赢得了教师的青睐。通过录音媒体，教师可以创造多种语境，为学生提供语音范例。另外，录音媒体在操作上比较简单，而且对于录音的教材没有要求，打破了时间和地点的限制，有利于开展情境教学。除此之外，在口语训练的过程里，学生可以把自己的声音录入媒体，通过回放可以发现自己的口语发音存在的不足之处，以便促进自我提高。另外，对于教师来说，可以对水平不同的学生使用不同的录音教材，开展有针对性的训练。

（2）手工操作投影媒体，可以激发学生对单词的学习兴趣。这一媒体不仅可以快速地展现要学习的内容，而且在单词的学习上效果最佳。通过把部分字母去掉的形式，使学生可以在游戏中记住单词，有利于加深印象，这在一定程度上也是格式塔学派的完形理论在学习环境中的巧妙应用，通过遮盖法可以更好地激发学生的学习兴趣，满足自身的求胜心理。另外，手工操作投影媒体可以激发学生的思维和表述的积极性，营造良好的师生互动氛围，除此之外，

还可以使学生更好地学习单词，加强记忆，一改在过去的单词学习中的枯燥和乏味，有利于激发学生对于单词的学习兴趣。

（3）通过电视媒体开展情境教学，有利于提高学生的听说能力。对于电视媒体来说，它对信息的传递是通过动态的方式达成的，而在英语听说训练里，其可以通过形象的情境帮助教师更好地开展教学工作。首先，教师可以通过预先准备好的教学材料来使学生有身临其境的感觉。其次，教师可以鼓励学生和电视媒体相结合进行分组配音。通过电视媒体的运用可以集中学生的注意力，增强学生的观察力和思维能力，有利于学生开展听说课程。

（4）通过计算机多媒体，有利于学生综合语言能力的提高，使学生可以在听力能力、语言交际能力和阅读能力上取得突破。计算机媒体可以把课本上枯燥乏味的文字变得有生命，充分激励学生更好地开展英语学习活动。另外，学生可以通过一些听录音、看英文电影、听唱英文歌曲等方式来学习以英语为母语的人的语音和语调，积极改正自身错误的发音，有利于学生更好地理解一个词语或者一句话在实践中的运用，进一步提高和加强学生听、说、读、写的英语综合运用能力。

（5）通过计算机网络媒体，进一步提高学生阅读、写作能力。在现代的生活和学习中，计算机网络已经发展成为最关键的信息源，因此，教师要按照教学内容来设计相关问题，使学生在课前借助网络进行预习。另外，教师也可以提供给学生有助于提高自我的网站，积极引导学生拓宽知识面。通过多媒体网络环境，学生可以在真实的直接的英语互动学习环境里提高自我，有利于提高学生获取信息的能力。除此之外，教师可以利用好计算机网络，提供给学生进行阅读和查阅的网络图书馆和电子字典，使学生可以更好地开展学习。网上有许多指导学生写作的网站，利用这些网站，一方面可以使学生接触到一些真实的、自然的语言材料，另一方面还有利于拓宽学生的知识面，进一步学习和写作有关的技巧方法。在写作之前，学生要有一定的知识储备，这样其文章就不会显得过于空洞。

第二节　促进翻转课堂运用于应用型大学英语教学的方法

翻转课堂系伴随计算机技术发展而出现的新型教学方式，该教学方式的出现跳出了传统教学思想的束缚，充分关注学生的教学主体地位，对于学生学习兴趣及综合能力的提升具有特别大的促进作用。本节简要阐述了翻转课堂的内涵，并从当前应用型大学英语教学的实际情况出发，创新性地提出了一系列切实可行的方法，以更好地促进翻转课堂在应用型大学英语教学中的运用。

改革开放以来，随着政府对外开放步伐的日渐加快，中国与世界的联系进一步紧密。作为全世界通用的语言，英语受到了许多人的关注。在此种社会环境下，如何提高应用型大学英语教学效率及增强大学生的英语交际能力便成了当前应用型大学英语教学的一大热点话题。“翻转课堂”便是在此种社会环境下伴随网络的进步而慢慢普及的，它摒弃了“满堂灌”式教学法所存在的不足，科学利用了计算机及网络资源，为学生提供了一个良好的学习环境，对于学生英语能力的提升具有特别大的促进作用。

一、翻转课堂内涵简介

翻转课堂，又名反转课堂。此处所说的反转即颠覆传统教学里以教师为核心，以学生为辅助的现象。在翻转课堂这一教学方式下，学生是教学的主体，而教师仅仅是教学的辅助。翻转课堂的通用教学流程即教师把教材的重点、难点及知识点等完美地融合在一起，并制成教学视频，学生在课余时间提前展开知识预习，借助教学视频展开自主学习的过程。此种知识的传递选用了当下的互联网信息技术。在借助视频学习后，学生亦可自行展开在线测试，对自己的知识掌握情况进行检验。当然，在此种教学方式下，教师可以仅以部分难题解答者的身份出现，同时亦可以在课堂上尽可能多地为学生提供彼此交流的机会。总之，翻转课堂为学生提供了自主学习、共同合作的平台，属于一种与时代发展相符的新型教学方式。

二、促进翻转课堂运用于应用型大学英语教学的方法

（一）科学拟定教学规划，创建多方位资源平台

翻转课堂包括视频制作、视频观看及在线测试等部分，为了确保应用型大

学英语教学的有序展开，教师理应拟定恰当的教学规划。具体而言，教师可从如下几方面着手：第一，教师在挑选课前学习视频时，理应顾及学生的差异性，确保所选视频难度与学生的实际水平相符；第二，教师在创作视频的过程中，理应重视语言的精准性及可用性，互联网所包含的知识较多，教师在挑选互联网资料时应反复筛选及对比，以确保自己创作的视频的质量。除了拟定科学的教学规划外，教师还需创建多方位资源共享平台。比如，教师可创建教学QQ群、微信群，借助此类平台与学生展开在线交流，对学生在学习过程中所遭遇的疑问进行解答，同时当教师看到比较好的学习资源时，也可以通过此类平台将资源分享给学生。

（二）选用探究式学习方式，提高学生的英语水平

翻转课堂将学习的主动权交到了学生手中，这对于学生综合素质的提升非常有利。鉴于此，教师在进行英语教学时应紧扣教学核心，科学利用翻转课堂的特性，培养学生自主探究及钻研的能力，促进其英语综合能力的提升。就目前来看，我国绝大多数大学生在英语学习方面均存在如下现象：阅读、写作能力较好；听力、口语能力较差。导致此种现象出现的主要原因是传统的“填鸭式”教学法极大地扼杀了学生的学习主动性，所以为了有效地提高学生的英语综合水平，教师在教学时应选取恰当的措施，尽可能地提高学生的学习主动性：第一，教师可以有针对性地给学生布置预习任务，引导学生通过多次观看自己为他们所选视频的方式寻找答案，充分发挥其学习的能动性，提高其听力水平；第二，就提高口语水平而言，鉴于课堂的某些任务已然通过反复观看预习视频完成了，此种情况下教师便可鼓励学生在小组讨论的过程中积极使用英语，亦可让学生通过角色扮演的方式，把视频里的内容展现出来，力求为其口语能力的提升打下牢固的基础。

（三）创建良好的课堂氛围，积极进行查漏补缺

鉴于良好的课堂氛围对于学生学习主动性、积极性的提升有着非常大的促进作用，且教师在课堂上引导学生所展开的查漏补缺能够让学生对所学的知识有一个全面且透彻的理解，所以在选用翻转课堂实施应用型大学英语知识传授时教师应做到如下三点：其一，革新传统教学所推崇的课堂理念及氛围，不但要充分关注学生的教学主体地位，还要尽可能地发挥教师的引导作用，使教师在教学时收放自如，与学生建立良好的师生关系，让学生爱上英语学习，敢于将自己内心的疑惑、问题表达出来；其二，教师应积极引导学生进行查漏补缺，在碰到预习视频、音频中难以理解或遗漏的知识点时，教师需为学生展开系统

的讲解及补充；其三，教师应对学生的学习情况展开总结及评价，指出学生存在的不足，如此方可有效地促进翻转课堂在应用型大学英语教学中的运用。

作为伴随社会发展而出现的一大新式教学法，翻转课堂与社会的发展需求相符，系教学工作者与时代共同进步的集中体现。此种新式教学法与应用型大学英语教学的融合及实践摆脱了传统教学理念的束缚，给予了学生教学主体地位应有的关注，极大地促进了学生的学习兴趣及主动性的提升，提高了大学生的英语综合学习能力，给应用型大学英语教学注入了全新的血液，为大学生的可持续发展奠定了坚实的基础。

第三节　基于项目驱动教学理念的应用型大学英语教学方法

项目驱动教学理念旨在对学生的自主探究能力、自主学习能力等进行培养，并使其在教师布置的学习任务的引导下，充分发挥其学习积极性。这一教学理论能够满足应用型大学英语教学培养学生英语综合应用能力的教学目的，但是在实际运用中，还需要教师、社会及学生自身转变角色，为这一教学方法能发挥其应有的效果而创造良好的环境。

随着教育体制改革的不断深化，传统的应用型大学英语教学理念已经不能适应发展需要。而项目驱动教学理念建立在建构主义理论的基础上，为应用型大学英语提供了有效的教学方法指导。

一、项目驱动教学方法的基本概述

所谓项目驱动教学方法，即以项目为形式展开教学，教师充分发挥指导角色的作用，指导学生在精心设计的任务下去进行探究性学习的过程。这种教学方法基于建构主义理论，能够调动学生的学习积极性，在教师制定的教学计划下参与教学活动，充分突显了学生的主体性地位，使其在理论和实践的结合下，提高知识掌握能力并提升综合素质。

二、基于项目驱动理念的角色转变分析

（一）关于教师角色的转变

不断深化的教育体制改革，要求教师转变角色，实现传统知识传播者向学生学习过程中的协助者、指导者以及共同学习者进行转变。教师应该积极地磨

炼自身的教学技能，拓宽自身的教学知识体系，不断地寻找问题、提出假设，制定讨论计划与实施方案，选择合理的信息获取与评价方式，与学生共同探索目标知识的问题，共同获得新的理解，展示最终的成果，提高教与学的质量。

（二）关于学生自身的角色转变

在项目驱动理念下的学习过程中，“教学相长”的理论言明了教与学的相辅相成，学生与教师要相互促进，共同提高。而以往师生之间、学生各自之间都存在明显的知识信息差距，应该鼓励学生与教师共同发挥其才能与专长，创造性地解决问题，并共同展示教与学的良好成果。因此，实现学生角色转变具有一定的合理性。

（三）关于社会角色的转变

在项目驱动理念下，鼓励学生将学习渠道拓宽到课堂外和社会中，如可以从职场人士或者科学家身上获得资源。互联网的迅速发展为学生的课外学习提供了多样化的渠道，使其在获取信息时更加便利。因此，社会在学生的学习过程中也充当着重要的角色。

三、项目驱动教学理念下的应用型大学英语教学方法

（一）创设英语教学情境

语言与生活具有紧密的联系，英语学习最终的目的就是学生在实际生活中能熟练综合运用这一门语言。因此，应用型大学英语教学应该以英语实际应用能力作为其核心教学目标，实现英语学习的生活化，创设良好的情境，在教师的指导下让学生带任务融入创设的情境中，直接感受学习语言的过程。比如，教师可以针对“Dreams and ideals”（梦想与理想）这个话题创设情境，采用角色扮演的方式组织学生进行活跃的辩论。

（二）制定项目（确定问题）

在情境创设的氛围中，让学生带着任务，也就是要解决的问题融入情境中，以其为中心进行学习，使得学生在明确的目标指导下去探究问题，能有效地激发学生的积极性，在解决问题时，还可以增强学生学习的热情与不断探索的好奇心与欲望。教师应该指导学生基于原有认知结构去解决这一任务带有的问题，在解决问题的过程中挖掘新的知识点，实现新知识与旧知识的有机融合。比如，在“Learning a foreign language”（学习外语）中，教师可以根据这一课程的中

心而设置多个问题，这些问题的讨论能够为学生在学习英语时提供正确的指导。

（三）项目的实施——自主学习 + 协作学习

项目驱动教学法主张让学生自主去解决实际问题，并在这个过程中建构起新的英语知识体系。教师要在其中发挥正确的引导作用，适当的时候可以给予学生一些解决问题的基本线索，如可以参考哪些资料，可以仔细分析哪些情节来获得信息，促使学生去自主探究。学生也可以根据其认识水平与兴趣爱好而进行任务分工或者分组讨论，在协作学习的过程中解决任务中的问题。学生交流了意见之后，也可以向教师提出自己的问题。教师应该及时为其答疑解惑，适时增强其学习热情与探究兴趣。

（四）项目驱动理念下应用型大学英语教学的评价

项目驱动理念提出了学生参与教学评价体系的要求，将过程评价与阶段性评价纳入评价体系中。在项目计划的实施过程中，可在小组内部或者小组之间进行持续的评价，教师也要更新自身固有的教学评价体系，在新视角下看问题。这种评价方式可以实时监控项目计划的实施情况，并利于进行及时适当的调整。学生之间的相互评价可以促使其认识到自身的优缺点，并努力弥补不足，提高能力，充分发挥合作与竞争的相互促进作用。

总而言之，基于项目驱动理念的应用型大学英语教学方法是当下的新型教学方法，能够充分调动学生的学习积极性，提高其语言运用能力，并在自主学习与协作学习中增强自主探究的兴趣与能力，还可以在自身参与评价的过程中找到不足，克服缺点，提高学习质量。

第四节　基于思辨能力培养的应用型大学英语教学方法

随着英语课程教学改革的不断深入，对于大学生综合能力的要求不断提高，而思辨能力作为综合能力中尤为重要的能力，被越来越多的教师视作课堂教学中的重要内容，但目前对学生思辨能力的培养仍较匮乏，具体表现在两个方面：一是教师的教学目标把握不明确，教学体系不够灵活，缺乏对现有资源的合理利用；二是大学生思辨能力缺乏的状况普遍存在，表现在大学生主动性差，学习被动僵化，缺少团队沟通等方面。

一、应用型大学英语教学对于思维能力培养存在的问题

（一）教师教学存在的问题

1. 课程体系设计不够灵活

应用型大学英语相较于初高中英语，给学生提供了更多的选择性，不局限于让学生学习基础知识，而是开设多门教学课程满足学生多样化的兴趣需求，尽管兴趣是最好的老师，但是分门别类的课程仅仅关注学生的兴趣程度是远远不够的。首先，应用型大学英语分为必修与选修课，必修英语通常与初高中课程类似，设计缺乏个性化，选修英语规定学生自主选择，学生在选择课程时会受课程难易程度、通过率、教师对于出勤率的考察等影响，最终偏离教学体系设计的初衷；其次，由于个人水平的差异，学生的英语水平不一，如果教师在教学体系的设计上缺乏针对性，那么不同层次的学生均无法得到全面化的发展。

2. 没有合理利用现有教学资源

大学内的教育教学设备相对初高中来说更加完善，网络资源也较廉价易取，可以满足教师对于学生思维能力培养的需求，但教师在实际教学中仍然沿用传统的教案黑板式教学方法，传统的教学理念无法贴合当下大学生对课程丰富化、趣味化的需求，枯燥无味的课程可能导致学生在学习过程中产生厌恶情绪。

（二）学生自身存在的问题

一般除英语专业的学生对英语学习较为重视外，其他专业的英语课均为公开课形式，学生对于公开课的重视程度不够，这是长期教学和评判方式所造成的。此外，学生大多保持着初高中英语学习的方法——机械背诵课本知识，对英语的学习停留在简单的单词、句子上，忽略整体的思维逻辑，学生自身对于学习较为功利化，只为顺利通过考试，学习上缺乏主动性，没有探索欲望，这就导致教师在传统教学理念指引上寸步难行。

二、应用型大学英语教学对于思维能力培养的重要性

思维能力是学生受益终身的一种素质能力，启发学生思维能力能开发学生的逻辑系统思维，完整的逻辑结构将会使学生更快、更清晰地把握事物，对事物认识能力的增强、思维能力的强化都会大大提升学生的学习效率，学生可以

快速将面前的全部资源优化整合，高效运行，学生的自主学习能力和独立性也会得到增强。

三、如何在应用型大学英语教学中培养思维能力

（一）教育学生从感性认识上升至理性认识

当前学生在英语学习中缺乏理性思考，停留在事物的初步认识当中，即看到什么就表达什么，对于教师教学来说，能够描述发生的现象仅仅是教育教学的初步阶段，若停滞在这一阶段，学生的思维将一直处在肤浅、浅显的状态，无法深入认知和了解事物，太为感性是不可取的，教师要引导学生发现事物背后蕴含的本质，了解事物内部间的联系，把握事物内部间的矛盾，从宏观角度认识事物发展的规律。

（二）教师转变教学观念，提升综合素养

教师的教学观念应该与时俱进，借鉴先进科学的教学方式，突破传统教学中的弊病，将素质化教学贯穿于教育始终，不断提高学生的自主能动性，对不同素质的学生采取针对化的教学思路和方式，拒绝千篇一律，鼓励学生个性化发展，注重夯实学生语言基础，引导学生多视角、跨文化理解教学内容，逐步提升学生的思辨技能，同时教师应充分利用当前可使用的众多资源，利用丰富的网络资源进行教学。

（三）改善评测模式，引进新的评测方式

传统评测模式分为课堂表现、课后考试两个方面，课堂表现又多为对学生出勤率的考察，这样的评测模式无法清楚地了解学生对于课堂知识的掌握情况，且较为单一化。引进新的评测方式，即课堂上评加课堂后测的新模式，课堂上对学生的知识掌握情况进行提问检查，结合教学问题布置任务，让学生在课后组成小组团队沟通探讨，课上展现讨论成果，并就具体内容进行阐释讲解，教师可以通过引入思维导图结构，提供关键元素让学生拆分补充，拓展思维导图，如此可以充分提高学生的自主能动性。

总而言之，对学生的思辨能力进行培养，可以提升当前大学生的社会创新能力。当前，在应用型大学英语教学中，把学生思辨能力培养与大学教学进行融合，把应用型大学英语知识当作载体，利用思辨能力培养及应用型大学英语教学融合的方式，可以提升学生独立分析以及应对问题的能力，从而提高大学生的英语思辨能力。

第五节　思想政治教育融入应用型大学英语教学的方法

大学教育兼顾智育与德育，教师不仅要教授学生知识，同时要塑造学生的品德。传统的应用型大学英语教学仅注重英语知识与文化的讲解，并未把思想政治教育融入其中。实际上，英语课程中的很多内容都可以作为思想政治教育的切入点，在英语教学中很多教师也在不经意地、潜移默化地对学生进行思想政治教育。因此，在应用型大学英语教学中融入思想政治教育是可行的，且有益于学生的全面发展。

大学生在融入社会之前，除了要具备较高的知识水平外，良好的思想道德品质也是十分重要的。当代大学生的特点是思想逐步走向成熟，但还未能完全适应社会的需要。高校思想政治教育主要是通过相关课程完成的，如马克思主义基本原理概论课程、毛泽东思想和中国特色社会主义概论课程、思想道德修养课程等。同时，辅导员对学生的思想政治教育也起着重要的作用。但是，理想的状态是思想政治教育要贯穿学校教育的全过程，即在各个学科中渗透思想政治教育。

很多人认为最不可能渗透思想政治教育的就是英语学科，但实际上，大多数英语教师都接受过高等师范教育，掌握心理学、教育学、教师职业能力等专业知识，且很多高校英语教师都是中国共产党党员，他们有能力承担起教书育人的职责。因此，思想政治教育同样可以融入应用型大学英语教学中。

一、在应用型大学英语教学中渗透思想政治教育的可行性分析

首先，应用型大学英语教学的特点有助于教师在授课过程中潜移默化地对学生进行思想政治教育。应用型大学英语课时相对较多，覆盖面广。在学生大一、大二这个世界观、人生观形成的关键时期，应加强思想政治教育。同时，应用型大学英语教学内容题材广泛，尤其是西方文化方面的内容在教材中有广泛的体现。在视听说课程中，除了西方文化的听力材料外，英语听力内容中会涉及中国与世界的关系，西方如何看待中国等内容。翻译练习更是包括了中国文化翻译及提升学生民族自豪感和自尊心的内容。而这些内容是其他学科不具备的，这也为英语教师提供了思想政治教育的切入点。应用型大学英语教学形

式多样，内容丰富多彩，在教学中可以进行分组讨论、辩论、演讲等活动，有利于学生进行中西方思想、政治、文化的对比。

其次，应用型大学英语教材是思想政治教育的辅助材料。教师可以运用英语教材的内容，辅助思想政治教育，帮助学生进一步理解社会主义核心价值观和“四个自信”，培养学生良好的思想道德品质，发展个人综合能力。应用型大学英语文化内容丰富，包括西方文化、中国文化以及文化对比等内容，通过对比可以提升学生的民族自豪感和自信心。

最后，应用型大学英语教师在思想政治教育方面具有专业优势。目前很多英语教师个人专业能力较强，对英、美等西方国家的经济、历史、文化了解较透彻，在英语教学中可以充分发挥这一优势，将西方资本主义国家的发展现状客观地介绍给学生，让学生在比较中认识到社会主义制度的优越性，从而自觉抵制西方资本主义腐朽的思想文化，坚定社会主义的道德观，有利于大学生正确世界观、人生观和价值观的形成。

二、思想政治教育融入应用型大学英语教学的方法和途径

目前应用型大学英语教学主要包括读写课和视听说课。学生自主学习内容包括慕课、线上读书等。教师应在英语教学中寻找思想政治教育的切入点，并将思想政治教育设置在教学目标中，潜移默化地将思想政治教育渗透给学生。

首先，从教材入手，制定教学目标。应用型大学英语教材每个单元都有相应的主题，这些主题往往涉及西方国家的政治、经济、文化等方面的内容，作者是从某个角度对话题进行探讨的。教师在备课过程中，可以将这些知识与我国的政治、经济、文化对应起来，尤其是时事政治，这样就可以解决应用型大学英语中中国文化缺失的问题，即在英语教学中，教师只注重西方文化，而忽略中国文化的现象。在以学生为中心的课堂教学过程中，教师还可以根据教材内容，增加关于中西文化对比的介绍，并设置相关的任务，让学生分组学习并讨论，对比中西方文化的不同，引导学生树立民族自豪感和自信心。

其次，在应用型大学英语四、六级考试辅导中渗透思想政治教育。例如，新闻英语听力，很多新闻是关于西方国家政治、经济等方面的内容，教师可以为学生提供相应的背景材料，增加国外对中国客观评价与看法方面的听力材料，进而提高学生的民族自信心。大学英语四、六级考试的翻译题型均为中国的政治、经济、文化翻译，教师可以通过练习真题，扩展相关材料，同时进行中外对比，增强学生的民族自豪感，使学生在学习语言的同时，提高自身的思想政

治觉悟。

最后，拓展应用型大学英语自主学习内容，通过英语广播以及国外网站，增加学生阅读英文时政消息的渠道，获得西方国家对我国正面的、积极的认识与评价，进一步提高学生的民族自豪感与自信心。还可以通过自主学习的方式，加强学生对时政的了解，并让学生用英语表达对时政的看法，使学生潜移默化地接受思想政治教育。

总之，在应用型大学英语中渗透思想政治教育是可行的。教师应当引导学生在英语学习中重视中国政治文化知识的学习，正确看待西方国家对我国政治、经济、文化发展的评价，在对比中提高自身的民族自豪感，树立正确的思想道德意识，从而成为合格的社会主义事业建设者和接班人。

第六节　学习动机与应用型大学英语教学方法

一、学习动机理论的相关研究

（一）威廉和伯德的动机理论

威廉和伯德的动机理论详细叙述了影响学习者学习动机的各种因素，其中包括 9 个内部因素和 4 个外部因素。9 个内部因素包括学习兴趣、价值认知、动力感、控制感、自我概念、对目的语的学习及其态度、年龄、性别。4 个外部因素主要包括重要的人，如同学、家人等；与重要人士的互动，如鼓励、反馈等；学习环境，如教学资源、舒适度等；社会背景，如家庭关系网、文化习俗、社会期待值等。

（二）多尔尼什的动机理论

多尔尼什根据其早期的实证研究，提出了一个三维度的动机理论模式，即综合性。这个理论模式充分体现了语言教学环境和学习者学习动机的关系。后来，多尔尼什把这个二语学习动机理论发展为三个层面：语言层面、学习者层面和学习者情境层面。语言层面包含这门语言的多个方面，如语言文化等；学习者层面包括学习者使用语言的焦虑感、自信等；学习者情境层面主要包括课堂环境下语言学习的三个方面，即教师动机、课程动机和小组动机成分。

二、外语学习动机的影响因素

外语学习动机的影响因素有很多方面，主要概括为认知方面因素、情感方面因素及社会环境方面因素。对于应用型大学英语学习来说，浓厚的学习兴趣、强烈的学习动机可促使学生在学习过程中取得较好的成绩。

（一）认知方面因素

学习者的认知因素主要指学习者的自我认识，包括自我概念、自我效能、效价等。自我概念是学习者对自己外语学习的一种认识，对学习优劣势的分析，对外语学习成功和失败的判断等。自我效能是认知视觉的另一个动机理论，主要指学习者一定时期内能够达到某种目的的信念。

（二）情感方面因素

情感因素纷繁复杂，影响学习动机的几点情感因素主要包括兴趣、态度、自信心和焦虑等。外语学习兴趣是与学习者的内在动机紧密联系在一起的，而且培养和激发学习者的学习兴趣是促进学习动机的关键因素。学习者的自信心与学习动机是一种线性关系，自信心强烈则学习动机自然强烈，自信心不足则无法形成强烈的动机。焦虑感与学习动机的关系较为复杂，学生有低度焦虑感时能激发学习动机，但焦虑感强烈时则可能削弱学习动机。

（三）社会环境方面因素

除了学习者自身的影响因素外，社会环境因素也不容忽视。例如，外语课程大纲的要求，人才市场对毕业生外语方面的需求，师生关系、家庭环境以及外语教师对学生的影响等，尤其是同龄学习者或同一环境下英语学习者的外语学习情况，对学习动机的影响也十分显著。

三、对应用型大学英语教学的几点思考

通过对学习动机的相关理论、内涵及其影响因素的分析与探讨，可以知道学习动机是学习者学习和责任培养的前提条件。在整个外语学习过程中，学习动机对学习者学习的成败与效率有至关重要的作用。探索与研究学习动机的影响因素，有助于加深学生对外语学习本质的认识。教师通过采用不同的教学方法与策略，培养激发学生的英语学习动机，发展其自主学习能力，提高其学习有效性。

（一）依据学生需求设置课程，增加教学内容的趣味性

选择教学材料时，教师应充分考虑到学生的英语学习需求，使其适应未来社会的需要。教学过程中，教师要重视学生的英语实用能力，注重培养学生的

口语及写作能力。只有当学生真正意识到英语学习需求有一定价值时，才能不断激发学习动机和自主学习能力。同时，教师可以适当引入社会文化方面的教学内容，如原版英文电影赏析、校际的英语学习交流，加深学生对英语文化的了解，通过对比不同文化的差异性，逐渐培养学生的跨文化意识，增强其学习动机。

（二）提高教师素质，完善教师教学价值观

通过教师的教学素质可以看出教师能否胜任这门课程的教学工作，而教师的教学价值观则可以决定教师能否在教学过程中认真对待他的本职工作。这些都影响着学生的外语学习动机和学习态度。因此，教师除了精通业务，还要具备良好的教育心理学等方面的知识。在教学中，教师要及时转变角色，以学生为中心，采用先进的教学理念，真正成为英语课上的组织者、协调者和辅助者。

（三）合理归因，提高学生学习英语的自信心

归因理论在外语教学中最重要的应用就是重新归因训练。学习者能否进行合理的归因直接影响其外语学习动机，因而教师应积极地引导学生进行归因技能训练，根据学生的具体情况，为其制定切实可行的学习目标，在分析和评估外语学习成败的原因时，帮助他们认识平时努力和最后结果之间的关系，使其可以控制学习结果。一旦学生在外语学习中遭遇挫败，应及时给予鼓励，纠正他们的消极归因，尽量将其失败归因于可控因素，如失败并不等于他们没有能力学好英语，而是他们所付出的努力还不够或是学习方法、策略使用不当等，避免使学生失去自信和学习动力，逐渐培养学生进行正确合理的归因。此外，教师可向学生介绍一些成功的英语学习事例，帮助学生树立英语学习的自信心。

（四）建立合理完善的测评体系

建立形成性评价与终结性评价相结合的评价体系，根据不同的教学目标，设置不同的教学任务，注重学生个体差异，有选择性地应用多种评价手段，如教师评价、学生自评、互评以及档案评价等，从听、说、读、写、译等方面对学生进行综合评价。评价前应使学生明确学习任务、目标，在教学过程中，教师要不断肯定学生所取得的成绩，并及时给予建设性反馈意见，使其明确学习中存在的问题，从而不断改进学习方法。这不仅有助于提升学生参与课堂教学的积极性，还能提高学生的学习兴趣和自主学习能力。

第七节　基于自我认同变化的应用型大学英语教学方法

应用型大学英语学习中的自我认同，是指学生对自己学习动机、学习能力、学习兴趣、学习目标追求的自我反思性评价和认识，是英语学习中所扮演角色的持续、动态的自我意识。笔者在长期的应用型大学英语教学实践中，认识到学生自我认同的变化对学习效果具有重要影响。

一、自我认同变化的主要类型及其描述

以自我认同理论为基础，高一虹等人在长期的应用型大学英语教学实践中，分析了大学生在英语学习中自我认同变化的不同类型，归纳起来可以分为自信心变化、附加性变化、消减性变化、生产性变化、分裂性变化、零变化六种类型。薛菊华等人通过专家咨询等方式归纳了自我认同变化的行为感知描述。

二、自我认同变化与英语学习的关系

（一）自我认同变化对英语学习的影响

语言的学习与交流过程同时也是一种参与人身份或自我认同的建构。人们在一种新语言的学习过程中，对个人的能力认识、语言交际方式、价值观念都可能发生某种程度的变化。这些变化往往对学生的语言学习兴趣和持续学习能力产生重要影响，特别是对学生语言学习中的自我目标设定产生决定性影响。在英语学习中，学生的自我认同存在着良性变化和消极变化。研究者一般指出了学生自我认同良性变化的重要意义，但对于各种变化应采用何种优化教学方法却还需要进行进一步研究。

笔者在前人的研究基础上，结合专家咨询，设立了学生英语学习中自我认同程度的评价指标体系，采用层次分析法确定了各项评价因子的权重，再结合学生自我测评，测量了学生自我认同的变化程度。在研究过程中，选取中国地质大学 2010 级 135 名学生为研究对象，分两组进行测评，通过教学实验后进行对比测量。结果分析显示，自我认同变化与学生学习成绩变化具有明显的正相关关系。在学生自我认同变化中，自信心变化对促进学习成绩提高的作用最为明显。当学生认为他们“可以通过努力学习提高英语成绩”，并且他们课后与教师交流和与外国人交流的欲望增强时，他们的学习效果也会更好。生产性变化和附加性变化也对学生的学习成绩提高有较大的促进作用。在生产性变化中，

"关心自己专业的国外技术发展"的程度增强时，他们的英语学习效果也会增强。消减性变化和分裂性变化不明显，二者对学生学习效果的影响尚不确定。

（二）不同自我认同程度学生的教学策略

前述研究表明，需要针对学生自我认同状态的不同程度，来有针对性地探索不同的教学方法。首先要归纳不同自我认同状态学生的不同学习特点，考虑到要兼顾学生自我认同状态的可识别性和教学策略的可操作性，可以将学生的自我认同状态分为两种程度，即Ⅰ类学生和Ⅱ类学生。

Ⅰ类学生的特点是，具有很强的学习自信心和良好的自我意识，具有很强的克服学习障碍的勇气和参加各类英语竞赛的愿望强烈，敢于大胆与别人进行英语交流。针对这类学生，应采取如下教学策略：利用现代信息技术营造自主学习的便利条件，应该把课堂作为辐射中心，把学生的课外社会实践、机房自主学习、考试与竞赛、兴趣小组交流联系起来，让学生在自主学习的环境中实现自我。

由于Ⅱ组学生的学习自信心稍差，自主学习的能动性稍差，学习的参与性不强，学习过程中的"生产性变化"不明显，因此在学习中要更多地施加人为的干预和引导。有针对性的教学策略主要包括帮助他们制定阶段性的学习目标；利用信息平台，加强学习引导；学习中给予他们更多的关心和关注；学习过程中施加一定程度的强制措施。

三、基于自我认同的形成性评价

许多学者研究过形成性评价在应用型大学英语教学中的应用。多数学者认为，在英语学习中运用多种形式的过程性评价方法，更有利于提高学生的学习兴趣。概括起来讲，主要的评价过程是将定位评价、教师评价、清单评价、学生自评结合起来。我们认为，形成性的评价方法，特别是其中的学生自评，对于教师及时发现学生的自我认同变化具有重要意义。

传统的形成性评价的主要优点在于，引入学生评价，增强了学生在评价过程中的参与性。但传统的形成性评价的主要缺陷在于，学生自评仍然是对学习效果的评价，这种评价的目的仍然是评价结果的公正性和合理性，而不在于让学生去发现自己学习的进步原因与过程。

前文中关于自我认同变化与学习效果的关联性的研究，让我们发现，在形成性评价中引入自我认同变化的评价，将有利于学生发现自己学习进步或退步的原因。因而，可以设计一种以自我认同变化评价为中心，以教师评价、考核成绩评价为参照的评价方法，可以将这种方称为基于自我认同变化的形成性评价。

基于自我认同变化的形成性评价，具体操作步骤如下：一是每次进行单元测试之前，先进行学生的自我认同状态评价，自我认同状态的评价可以利用量表让学生自测他们的自我认同状态；二是进行单元测试和教师评价；三是让学生将自我认同状评价与单元测试成绩评价进行对比，去发现二者之间的关联性。这种评价方式每学期可进行三到四次，这样学生就可以发现自我认同状态变化对学习成绩变化的影响，从而增强学习的自主性。

当然，部分学生可能还认识不到自我认同变化与学习效果之间的关系，这时就需要教师的参与。教师要对这部分学生进行面谈，从而研究这部分学生成绩变化的原因。

四、基于自我认同变化的情感教学

情感教学理论描述了教学中的师生情感表达与互动对学习的影响。由于教学效果的提高是客观教学环境与教学双方主观能动和主观情感共同作用的结果，而主观情感是学生自我认同的重要影响因素，因此充分调动学生英语学习方面的主观情感，有利于提高学生的自我认同程度，从而提高英语学习效果。

由此可以提出基于自我认同变化的情感教学法。这种方法的逻辑过程是教师情感表达—学生情感的接受—师生情感共鸣—学生自我认同的提高—学习效果增强。

教师表达什么情感？教师首先要表达出强烈的职业情感，包括对英语知识的热爱，对学习的热爱，对英语的热爱，对英语教学的热爱，对英语教师这一职业的热爱。在学生眼中，教师首先是一个职业的人，教师只有自身表现出对英语教学职业的强烈情感，才能感染自己所接触的学生群体，才能获得学生的尊重，才能让学生感受到，英语的教与学是一件很重要的事，是很有意义的事。

如何表达情感？教师仅仅有职业情感，而不知道如何表达出来，或者表现不当，都是没有意义的。教师与学生的接触，主要是在课堂上，在课间的休息时间，在网络平台上，偶尔会有些私人接触。在与学生接触前，教师要提前做好知识准备，在与学生接触时，要展现饱满的精神状态，与学生积极主动交流。

如何让学生接受情感？首先要让学生感受到被尊重，只有让他们认识到自己是学习的主体，并且在群体中自己是一个很重要的学生，他的学习积极性和能动性才会被激发。因此，教师在与学生交流中，要表现出对学生的关爱、鼓励、关注。教师应该记住每一个学生的姓名，知道每个学生的学生学习特点、每个学生的学习需求。

如何形成情感的共鸣？师生之间进行合理情感的表达与情感的接受是形成情感共鸣的基础，然而，要形成强烈的情感共鸣，教师还有许多工作要做，还要有共同的行动来激发情感的共鸣，可以采用的方法有共同学习、共同活动、共同克服学习困难、共同胜利。例如，在课堂教学中，教师可以在发现学生感兴趣的问题时临时设置一个话题，与学生共同讨论，对于这一话题，教师并没有事先做资料上的准备，也没有一个标准的答案，而是通过与学生共同讨论来得出结论。教师与学生共同收集有关话题的信息，共同讨论话题的英语表达方式，共同辩论，最后得出结论和英语表达方法。通过这种共同的学习行动，来刺激情感的共鸣。

情感如何作用于学生的自我认同？在共同的学习行动中，一方面，由于学生参与共同寻找问题、共同克服困难、共同解决问题的过程，学生会认为自己是解决学习问题的主体，是“胜利行动”中的重要一员，所以他会在这种学习中增强自我意识，积累他的自信心；另一方面，经常性地采用这一学习方式，学生在学习过程中，还会不断地产生“生产性变化”“附加强变化”和“情感变化”。逐渐地，学生的自我认同程度会产生积极性变化，从而激发学生的学习兴趣，增强学习效果。

第八节　网络信息时代应用型大学英语教学方法

人类文明已进入网络信息时代，它在给人们带来方便快捷及改变人们生活方式和生活节奏的同时，也对传统的教育方式产生了深远的影响并提出了不可抗拒的挑战。本节对网络作为一种手段如何在应用型大学英语教学中改变传统的教学模式进行了阐述。

一、对应用型大学英语教学进行改革是顺应时代发展的必由之路

改革开放多年来，无论从国家层面上还是人民生活水平上来说，都得到了极大提升。随着国际化的步伐越来越快，传统的英语教学已无法与国际接轨。一名教师、一根教鞭的传统教学模式已无法满足学生对英语知识的渴求。这种教学模式，只能满足传统的应试教育，无法顺应当下社会对人才全方位的需求，即听、说、读、写、译全方位的要求。从这种意义上来说，对应用型大学英语

教学改革已势在必行。改革意味着发展与进步，英语教学改革则意味着教师在教学的过程中，在有效的时间内如何充分调动学生的主观能动性与创造性。而网络时代的到来，就是在课堂内外全面提升学生认知能力和所涉及知识的全面拓展。利用好网络进行教学，一方面可以把外语知识很好地传输给学生，更能引导学生把外语当作一种工具，积极主动地接受它，运用它，变被动地接受为主动地学习。这是计算机应用在英语教学的改革上将产生的变革性作用。

二、将计算机作为教学工具运用到英语教学中是时代的必然产物

高等教育大众化的大背景时代已经来临，吉林省在国内以教育大省著称，以吉林省为例，近二十年的高等教育招生录取率在逐年提高。各所高校的录取率虽然在跨越式上升，但也暴露了一些不可回避的问题，如教师严重短缺、教学软硬件严重不足、教学效果滞后等。如何在不大幅增加资金投入的情况下有效解决上述问题，值得教育工作者深思。计算机的出现不但改变了人们的生活方式和生活习惯，也在一定程度上给教育带来了福音。计算机课件可以让学生变被动学习为主动学习，计算机辅助教学模式可以减轻教师严重短缺的问题，计算机辅助教学在一定程度上还可以解决高校资金投入短缺的问题。

三、新时期英语教学的新模式

实施计算机网络辅助教学的条件已基本成熟，即使在经济不太发达的地区，人们对计算机也并不陌生。这是实施计算机网络辅助教学的一个很好的前提与保障。在高校工作的教师和在读的大学生来说，也都具备操作计算机的水平和能力。当然，要想在英语教学中引入计算机作为辅助教学，也存在一些问题：年纪较大的教师在教学经验和知识结构上虽然十分丰富，但对计算机的专业操作不如年轻教师熟练，这就需要学校组织其参加培训；年纪较轻的教师对计算机的操作虽然十分熟练，但在教学经验和知识结构上又不如老教师；能够应用于英语教学的课件还不十分丰富，课件的制作水平还不够高等。

利用计算机网络辅助教学主要存在以下几种情况：一是以教师教学为主，计算机教学作为辅助；二是以计算机教学为主，教师教学为辅；三是教师教学与计算机教学并重。第一种教学模式的具体表现形式是课堂上仍以教师讲授为主，部分知识以图片、视频等形式向学生予以展示，进而使学生有更加直观的感受，增强学生的记忆功能。第二种教学模式的具体表现形式是在教学过程中

针对学习成绩不同、基础扎实程度不同的学生提出的问题，通过计算机有针对性地予以答疑或讲解，可以在有效时间内让全班学生的英语知识水平全面提高。第三种教学模式适用于课外自习辅导。在自习课上，教师与学生通过网络全面在线，不同水平的学生可以针对自己不熟或不懂的知识与教师进行单线交流，教师可以通过计算机一一给予解答。这可以使教师了解每位学生对知识的掌握程度，有针对性地对每位学生进行辅导。此种教学模式真正实现了因材施教的教育理念与教学实践。通过计算机教学，在一定程度上节约了资源，减少了教学投入，对环保也做出了贡献。

第六章　应用型大学英语教学学生能力培养

第一节　应用型大学英语教学文学思维培养

随着教育部“高等学校教学质量和教学改革工程”的正式启动，应用型大学英语教学改革也随之启动。十多年来，发表于不同级别刊物的有关应用型大学英语教学改革的文章如同雨后春笋般扎根于应用型大学英语教学改革这片土壤。从课程体系改革到课堂教学模式改革，从课程的实践教学体系改革再到课程教学考核与评估方面的改革，越来越多的文章旨在努力挖掘出提升应用型大学英语教学质量的真正有效的方法。21 世纪以来，国内 11 种外语核心期刊所发表的应用型大学英语教学改革实证研究论文的统计和文献研究结果表明：以学生、教学方法与模式为主题的论文数量最多；学生、教学方法与模式的主题一直为研究重点，以学生为主题的文章比例一直位列第一。由此不难看出，“以学生为中心”是目前应用型大学英语教学改革的大趋势。

一、全球化大背景下“应用型”人才的定位

《应用型大学英语课程教学要求》（以下称《课程要求》）确定的教学目标是培养学生的英语综合应用能力，特别是听说能力，使他们在今后学习、工作和社会交往中能用英语有效地进行交际，同时增强其自主学习能力，提高综合文化素养，以适应我国社会发展和国际交流的需要。

二、文学思维培养的必要性

郭英剑教授曾感叹，在中国，文学教学以非同寻常的速度在发生着巨变。

文学教学已经彻底滑入语言教学的范围之中去了。也就是说，文学教学仅成了语言教学和学生学习语言的一部分。但郭英剑教授依然坚信，文学研究，在当今全球化的情境下，依然是有价值的。对于大学非英语专业的学生，在课时数有限的前提下，对文学作品的学习必然是有限的，然而在有限的课时中也要注重对学生思维的培养，培养学生具备全球化大环境下学习、工作的能力以及参与国际交流与竞争的能力。

（一）文学思维培养——创新的起点

早在 2002 年，中央电视台在采访法国巴黎高等师范学校的校长于杰时，他就说过要培养学生具有创新性。的确，应用型大学英语教育首先应该为学生提供必要的知识，但其主要结果就是要学生学会独立地思考。正如束定芳教授在谈及应用型大学英语教学的目的时称，大学英（外）语教学应该为培养创新型人才服务。而笔者认为，文学的教学，可以通过对学生思维的培养，肩负起培养学生具有创新理念的责任，思维之花的绽放便是创新之实的开始。

思考能力的培养，落实到文学课堂教学，就是教会学生以作品自身的主题内容为依托，进行复杂、深入和富有想象力的思考。这与目前许多教师的共识——教会学生“批判性思维”其实是不矛盾的。比迪・马丁说，我们必须让学生看到所有的问题都是开放性的，要让他们相信，意义、价值并非在一个地方，即不在作者的意图或是潜意识的动机那里，也不在文本的语境之中，既不在一种特殊的理论原则那里，也不在批评家或是教师那里。文学文本所涉及的话题都是复杂的、深入的和带有思想性的，很难找到一个唯一的所谓正确的答案，而正是这样的话题或问题，又值得我们永远地探索下去。也正是这样，文学的学习为学生提供了一片广阔的土地，任他们的思想自由驰骋。每找到一个问题的新突破点、新角度，就是新的思考的开始，也是批判性思考的第一步，更是离创新近了一步。

文学的教学不是旨在教授学生多少文学经典，也不仅仅是引导学生去领略文学语言的魅力，更不仅仅是引领学生体悟文学作品中蕴含的民族文化，而是带领学生成为一个通过阅读会独立思考的人。这种思考也许会使学生对于伟大剧作家莎士比亚的经典之作《哈姆雷特》中主人公哈姆雷特的经典台词“To be or not to be，that is a question.”不止简单地理解为“生存还是毁灭 / 杀还是不杀，这是一个值得思考的问题”。对于哈姆雷特总是犹豫不决杀不杀自己叔叔这一行为的思考自身就是一个值得学生思考的问题，对于此问题的思考不仅会提升此文学作品的艺术高度，也会拓展和提升学生自己的思维能力。成为会思考的人，对于美国作家霍桑的“心理罗曼史”《红字》中女主人公海斯特衣服上的大写字母“A”的理解也不会仅仅拘泥于“Adultery”(通奸)、“Able”（有能力的）、“Angel”（天使），还有可能寓意“Abandonment”（抛弃），也有可能是“Aplomb”（镇定）。对于文学而言，思想就是一切。而这种创造性思维的培养，又何尝不会成为今后参与社会竞争和国际竞争的最有力法宝呢?

（二）文学思维培养——以人为本的整体发展

《应用型大学英语课程教学要求》中提到，应用型大学英语课程“兼有工具性与人文性”。这一科学的论断与教育观是具有前瞻性和现实意义的，因为“工具性与人文性统一的课程有利于为学生的终身发展奠定基础”。但是何为人文性?《欧洲语言共同参考框架》指出，学习外语是为了让本国人民“更好地理解其他国家人民的生活方式、思维形式和文化传统”“促进人们相互理解和宽容，尊重各自的民族特性和文化多样性”。教育部对此的理解是：应用型大学英语教学应帮助学生树立世界眼光，拓展国际视野，理解西方文明、思维方式和生活习惯，以批判性眼光看待西方文化及核心价值，熟悉中外文化差异，培养跨文化交际能力，使其能“用英语有效地进行交际”。王守仁老师将高校英语课程的人文性内涵概括为“文化自觉”。笔者不否认文化素养在高校应用型大学英语教学过程中的重要性。在此基础上，就大学生现实成长和长远发展的两个角度考虑，笔者给予两点补充，这也正是文学思维培养对学生整体发展的积极影响。

第一，就大学生的长远发展而言，要引导学生学会独立地进行批判性思考是人文观的重要表现。文学课堂正是为学生提供了一个阅读与思考的场所，为学生创造了一个学会个性化阅读和独立思考创新的机会。笔者认为，引导学生去思考，尊重学生的看法，聆听学生的见解，就是以人（学生）为本的最核心体现，同时也体现了课堂教学要“以学生为中心”的教学理念。知识容易教授，也容易习得，但更容易忘记，而所养成的思考习惯、方法和能力会伴随学生终身。学会学习、思考就等于具备了今后学习与工作的能力。

第二，就大学生现实的成长状况而言，以人为本的教育应该培养具有整体性人格的人，学生的身心健康发展是一切教育活动的最终目的和归宿。自20世纪90年代起，大学生的心理健康这一话题备受关注。到了21世纪，一些大学生心智不成熟导致的消极事件依然笼罩着整个社会。据清华大学人文社会科学院教授樊富珉说，根据世界卫生组织的衡量标准，中国大学生的自杀率处于世界平均水平，但这个数字正在上升。此外另有研究指出，在青年自杀者中，大学生高于社会青年。培根说："知识就是力量。"斯宾诺莎教导我们说："知识就是道德。"当下应用型大学英语课程教学的人文性应该继续强调关注人的全面发展，引导学生逐步形成正确的世界观、价值观与人生观。正如梅德明教授所言，学科知识很快就会过时，但是学科知识外的，如情绪管理、适应能力、自我引导力、抗挫能力却不会过时。我们要培养的人实际上从工具人转向了文明人。

人生所有的能力中最基本的是生存能力。对于大学生而言，在当下竞争只会愈演愈烈的时代，如果都不具备适应这个时代的良好心态，还何谈学习、工作与创新。正如前面所言，文学具有复杂深刻的思想，可以说文学就是哲学的一种形式，一部部作品都是作家通过文字对世界观、价值观与人生观的表达。虽说文学是艺术，艺术高于生活，但文学课程的教学就是再次回归生活，引导学生不仅仅从艺术的高度进行思考文本自身，也要思考文本所反映出的世界、社会、生活和"自己"。每一部文学作品都是一面镜子，读者从中可以看到自己现在或未来的影子。在《了不起的盖茨比》中，学生似乎看到了自己追逐美好梦想的影子，但同时要思考什么样的方式才是有利于自己和他人，并最终给自己带来幸福感，而不是以生命为代价；在《长腿叔叔》中，也许部分学生有与主人公朱迪同样的命运感，但要明白不是人人都如朱迪般幸运，要思考朱迪最终收获成功和甜美爱情是她乐观、坚强、努力的回报——你对生活微笑，生活也会还你以微笑；在英国当代小说家格雷厄姆·斯威夫特的作品《我们尼克的心脏》中，学生会对当下社会器官捐赠这一话题倍加敏感，也会就年轻主人公尼克由于自己的鲁莽行为导致自己生命结束，因而带给父母极大痛苦一事感慨万千——珍爱自己的生命，就是爱自己，更是爱父母。

至此，有些读者不免会产生疑问：只是在高年级阶段以专业英语的形式进行每周 2 学时的文学欣赏学习，文学能否承担起这样的重任呢？让学生通过阅读一部小说这样的行为就进行这么严肃的思考，是否会使学生感到这是过分的要求呢？"重要的不是文学作品本身负担什么，也不关乎文学作品的主题内容或其主张，而是我们的教育工作者怎样讲……我们讲授文学的老师不能只是语言的教授者，更应该是人文主义者。"

梅德明教授说，教育是育人，就是培育可使个人和社会终身受益的核心素养。本节综上所述已经表明：让学生学会独立思考，培养其良好的思考（文学思维）习惯就是给予学生受益的东西。因为，思考是智慧的源泉，智慧是创新的源泉，智慧绝对高于知识。拥有智慧，乘上当下的全球化时代大势，就是教学真正地服务于学生，服务于社会，服务于国家的战略发展。

第二节　应用型大学英语教学思辨能力培养

语言和思维是相互依存、相互促进的。语言能力的提高与思辨能力的培养是相辅相成的。应用型大学英语课程不仅是语言技能的学习课程，还是培养学生思辨能力的重要课程。在应用型大学英语教学中应该以思辨为导向，利用立体化教学模式，在提高语言能力的同时培养学生的思辨能力，才能真正提升学生的综合素质。

一、我国大学生思辨能力现状

国内许多学者常常把英文短语 Critical Thinking Skills 译作批判性思维能力，这就是思辨能力一词的来源。思辨能力也就是思考辨析能力。所谓思考指的是分析、推理、判断等思维活动；所谓辨析指的是对事物的情况、类别、事理等的辨别分析。从根本上看，语言和思维二者相互依存、相辅相成。语言构建思维的表现形式是思维的体现，语言能力的提高和思维能力的培养是相互促进的。因此，思辨能力的培养应该作为语言教学的重要目标。

近年来，西方发达国家已经将思辨能力培养列为高等教育的重要任务，旨在培育出的学生能够适应全球化加剧的激烈竞争。思辨能力的培养反映了高等教育的培养目标，我们的高等教育最终就是应该培养出具有思维、论述、分析和解决问题的综合能力的人才。

但是在我国，应用型大学英语教育仍然是以语言能力的培养为主的。教学过程有时忽视学生思辨能力的培养，教学内容较死板，教学方式传统，教学手段单一。我国外语教学长期只注意语言能力的培养，而忽视思维能力的培养。最终培养出的一些学生不会自主学习，知识面狭窄，不善于思考和分析问题，不能自由用语言表达自己的思想。而现代社会对毕业生的要求越来越高，外语专业的学生如果不提高综合素质，走上工作岗位就只能充当传声筒；非英语专业学生缺乏思辨能力，则很难在自己所从事的专业领域有创新，不能满足社会和市场的需要。黄源深教授早在 1998 年就指出了英语专业学生缺乏思辨能力。思辨能力的缺乏，直接影响学生创造能力、研究能力、分析和解决问题能力的培养，最终会影响一个人的整体素质。

二、我国大学生思辨能力缺乏的原因

首先，中国的外语教育体制不科学是其根本原因。一方面，中国大学生大

多没有接受过正规的科学的思维训练的教育。学生的想法总是跳离不出传统思想的圈子，一些学生学习时只会循规蹈矩，想象力和创造力都被扼杀。另一方面，中国高校的外语教育的理念以应试为主，外语教育的目标还停留在要求学生大量背单词、记句型、仿写文章上。这必然会导致学生不会动脑筋，理解、辨别、分析、思考、创造能力等都会弱化，长此以往，学生的思辨能力必定缺失。

其次，从学生自身方面来看，学生对思辨能力认识不足，这是一个主要原因。在应试教育环境下成长的一些大学生喜欢死记硬背，把取得优秀的考试成绩作为自己成功的唯一目标，而不重视自己想象力、创新力、综合分析等能力的训练，甚至恐惧用英语表达自己的思想，常常会表现为写作缺乏逻辑性，畏惧上台演讲，辩论言之无物等。

最后，高校外语教师陈旧的教学模式也是另一个导致我国大学生思辨能力缺乏的重要原因。一直以来我国高校外语课堂都重视语言训练，教学模式以记忆灌输为主，英语课堂重读写、轻听说，大学生长期处于被动接受知识的状态，不愿意主动思考，不擅长质疑，遇到具体问题就会茫然不知所措，结果学生学到的只是哑巴英语。

三、利用立体化应用型大学英语教学培养学生的思辨能力

语言教学其实是一个完整的教学过程，既应该包括语言知识的传播，也应该包括思维能力的培养。发展学生的创新性思维能力是应用型大学英语教学面临的极大挑战，也是我国外语教学改革的方向，外语教学一定要注重学思结合，倡导启发式、讨论式、参与式教学，引导学生自主学习，激发学生的想象力，培养学生的兴趣爱好，鼓励独立思考，勇于创新。要想达到这样的目标，我国的应用型大学英语教学就需要构建一种全方位立体化的教学模式，将英语课堂的语言知识的讲授与学生的思辨能力培养相结合。这种全面立体化的英语教学模式主要体现在以下方面。

（一）教学形式立体化，激发学生自主思维

高校应用型大学英语教学普遍存在以教师为中心的教学形式，教师对课堂控制过严，容易造成学生自主思维的缺乏。教师一定要学会放手，把课堂部分交给学生，组织语言教学活动时，教师作为引导者，应该考虑以学生为中心的原则。教学要以学生为中心，充分考虑每位学生的差异性，鼓励他们在语言学习时发挥主观能动性，积极自主思维，以思维促进语言学习。

（二）教学方法立体化，鼓励学生自主学习

西方盛行运用苏格拉底“助产术”式的教育方式，也就是说在学习过程中，学生与学生或者教师之间通过一问一答，质疑对方，使对方陷于矛盾之中，从而能够主动积极地思考问题，主观能动地解决问题。教师启发和引导学生，而不能完全替代学生。这种“助产术”式的教育方法值得国内高校的外语教学借鉴。在外语教学过程中，提倡学生自主学习，以分组合作的方式共同讨论和分析问题，学生之间的合作交流能够大大提高英语语言应用能力的培养，也就达到了以思维促进语言，以语言表现思维的教学目的。

（三）教学内容立体化，培养创造性思辨能力

应用型大学英语教学内容一定要丰富，教学不能只围绕课文，一定要在创设英语语言环境的基础上，实施应用型大学英语教学改革，强化应用能力，形成英语思维。教学内容立体化重在教学的广度，教学要包括书本的延伸，扩大知识面。

（四）教学手段立体化，提高学生兴趣爱好

黑板板书加上教师声嘶力竭的讲座式教学已不能满足现代教育的需要。教学手段应该立体化，传统教学手段应辅以多媒体和网络教学等现代科技手段。教师运用现代科技手段能够以更形象、更生动的方式呈现教学内容，尤其是英语教学，多样化的教学手段才能把丰富而抽象的视听内容生动展示，才能提高学生的兴趣爱好，才能激发学生的思维动力。

（五）教学考核立体化，树立创新自信心

国内高校应用型大学英语以考试为主，甚至有些高校把学生的考试成绩与教师的绩效挂钩，还有些高校把大学英语四六级证书与学位挂钩，这直接导致教师逼迫学生死学书本知识，学生长期被应试教育的氛围笼罩，无法自主思考，只为考试及格。要改变这种现状，必须优化教学评估制度，教学考核需要立体化、多样化。例如，将考试与考查结合，考试成绩与平时表现结合等。摆脱考试的压力，学生有了自信心，才能勇于思考、勇于创新。

大学生思维弱势的客观存在，重语言轻思辨的观念急需改变，在教育改革进一步推进的过程中，教师应该发挥自身不可取代的重要作用。利用立体化教学模式，以学生为中心，通过学生之间的分组合作，让学生主动积极地参与学习过程，丰富教学内容，多样化教学手段，以计算机、多媒体等高科技手段辅助现代教育，弱化考试效应，设计合理的成绩与评估体系，力求提高学生语言

和思维能力并构建他们的整体能力，也就是说，在进行语言能力训练的同时积极培养学生的思辨能力，为国家的发展多输送思维和语言并重，会想会说、敢于思辨和懂得创新的高素质人才。

第三节　应用型大学英语教学交际能力培养

随着全球化以及“一带一路”的发展，国际间的交往在经济、文化等方面都更加密切，英语作为当今世界通用语言，不论是在社会还是学习中，对英语学习者的要求也逐渐严格。对于英语学习者来说，除了成绩单上的数字，还要有过硬的交际能力，应用型大学英语教学也应向这方面进行研究和实践。

一、交际能力培养的定义以及意义

（1）交际能力的定义。交际能力就是一个人和他人和谐相处的能力，人不能离开群体而单独生存，所以无法避免与人交际的可能，而交际是协调集体关系的关键。换言之，交际能力就是指与不同社会文化集团成员交往时得体地解决说什么和怎么说的能力，且口语教学的目的是培养学生的交际能力，语言不能只作为知识传授，而应作为技能来培养。

（2）交际能力培养的意义。20 世纪 70 年代，海姆斯发表了《论交际能力》的文章，他指出一个人潜能的发挥主要依靠他对于语言与语言实际应用能力的掌握。从更深层次来看，交际能力不仅包括语言的基础知识，还包括语言的应用能力以及心理应变能力。

随着中国各行各业的发展都需要能充分掌握和运用英语的人才。在我国，由于语言环境等限制，大部分学习者接触的语言环境局限于课堂交流或者学校组织的定期交流活动。加上很多教师注重教授单词语法，这只会让学生的外语学习眼光变得狭隘。所以语言学习应该放进实际语境中去检验，这也要求英语学习者在学习中不但要培养听、说、读、写的能力，还应在使用中练习，提高自己运用语言的能力。

二、影响交际能力获得的因素

（1）语言环境的缺乏。第二外语习得者的目标是能够熟练运用目标语言。这对于国内大学生来说并非易事，主要原因是语言环境的匮乏。从外部条件来说，首先，中文和英语的语系不同，在中文母语环境氛围下学习英语本不容易；

其次，由于学生各自能力有限，所以许多外语教师在课堂上使用母语授课；最后，语言需要环境刺激和锻炼，对于英语学习者来说，真正需要锻炼的是听说能力，但是现在学者能够使用外语交流的机会非常少，这也是一种局限。从内部条件来说，第二外语学习者是被动接受这一门外语的，许多教师也偏向从成绩考查孩子的学习情况，导致孩子容易对英语造成误解及排斥。

（2）教师忽视跨文化交际教学。语言和文化是不可分割的。二语学习者的交际能力要建立在扎实的目标语基础之上。同样的语句，不同文化就会产生不同的理解。为了避免这种文化差异带来的理解差异，学习者了解目标语的文化是语言学习道路的必经之路。沃尔夫森曾经说过：“在与外国人的交往中，操母语的人往往能容忍语音和句法错误。相比而言，违背语用规则常常被认为是不礼貌，因为操母语的人不大会意识到社会语言的相关性。”

三、应用型大学英语教学中培养交际能力的策略

语言教学目的并不只是培养学生掌握词汇和语法知识以获得杰出成绩，亦不只是有多么完美的发音。教学目的应该是在了解目标语的文化基础上掌握并且流利使用该语言。

（1）教师具备扎实的语言文化能力。沟通交际的有效性会因目标语的历史文化背景、社会制度等受到影响。这就要求教师要具有丰富的英语文化素养。教师在教学中培养学生跨文化交际能力时，要让学生了解英语与汉语在语言上表达的不同之处，运用自己的知识分析语言差异的原因，使学生增强英语语言文化背景知识。同时，教师也要追求进步，提升自己的语言文化能力，在学生交际能力学习中起带头作用。

（2）教学模式与时俱进。传统的“填鸭式”教学已经不能再适应时代的发展，人们逐渐意识到单纯的语法知识已经不能满足现阶段社会的需求，进而把培养目标延伸到了交际能力上。交际能力需要学生增强自主性，所以在教学手段上，曾经以教师为主的课堂已不再适合。学生是学习过程掌握主动权的人，而教师需要做的只是对他们进行引导、辅助。因此教师应制造机会让学生主动学习、输出，激发学生对英语的兴趣。教师要把交际能力的培养放在英语教学的核心位置，充分利用课外活动来引导交际能力的培养。

（3）多途径创造语言环境。媒体网络的发展为大学生的外语学习提供了很多便利。丰富的语言文化学习资源是跨文化学习的重要平台。语言学习网站、欧美电视节目、语言节目类自媒体等能让大家切实了解英语国家的日常生活、

风俗习惯、社会关系等方面的知识。同时，外语经典名著中也包含了大量文化、生活、政治等内容，阅读名著除了可以加深文化背景理解，还能开阔知识视野。教师可以充分利用网络便利以及书本，引导学生浏览对语言学习有益的网站、博客、自媒体和书籍等，以此培养学生对目标语的文化背景灯方面的理解。

人们是在社会化的过程中，在无意识地习得价值观念、思维模式、社会规范的同时，习得交际能力，并用其传递价值观念、信仰和社会规范等。正是交际的这种作用才能使我们理解社会现实、经验和观念。教师要采用不同方法培养学生的跨文化交际能力，拓展学生文化视野，增强学生语言运用能力，为未来的发展奠定基础。

第四节　应用型大学英语教学英语应用能力培养

在大学公共英语教学中，学习能力与综合应用能力紧密相连，综合应用能力的有效培养，需要完成自主学习能力的有效培养，进而完成大学公共英语教学中英语应用能力的培养，从而进一步促进学生综合应用能力的有效培养。并且，英语学科的实用性一直被忽视，尤其是在大学教育阶段更应该注重英语教育。教育者在教学中要着重培养学生理解表达能力和阅读写作能力。

一、英语应用能力概述

在应用型大学英语教学中，培养学生的英语应用能力非常重要。近年来，应用型大学英语教学改革越来越深入，本节基于学生英语应用能力培养的现状与重要性，提出了相应的教学建议，以期使应用型大学英语教学有效性得以提升。

对大学生公共英语综合应用的能力进行培养时，大多数教师会从英语应用能力的培养入手，在学生有效完成学习活动的过程中培养其综合应用能力。一般情况下，大多数大学生完成学校中的学习后都会以独立而自由的个体进入社会中，因此，对于大学生的培养，除了必要的知识外，还需注重自主性、独立性、创新性等方面的培养，使学生进入社会后具备终身学习的意识与能力，具备对英语应用能力进行提升的能力。在高校英语专业的教学中，英语应用能力指的是学生获取英语知识、将英语知识迁移到实际生活中、应用英语灵活进行交际等方面的能力。对大学生英语应用能力进行培养时，要求教师将学生当作教学活动开展的中心，为学生组织一系列需要探究、合作完成的学习活动，使学生可以参与习得知识的整个过程，在此过程中对学生英语应用能力进行有效培养，使学生可以将英语知识灵活应用到各种场合中，并不断对自身的英语水平进行提升。实际上，对英语应用能力进行培养蕴含着终身教育的思想，在培养学生英语综合应用能力方面有重要意义。

二、大学生英语应用能力培养的现状

（一）学生在教学过程中的主体地位不够突出

现阶段，高校英语专业英语课程改革日渐深入，在改革过程中，不断对学生主体性进行强调，但在班级设置、教学任务、教学模式等多个因素的影响下，英语教师对教学活动进行开展时，教师仍然是课堂的主角。另外，部分英语教师所用教学方法还比较传统，照本宣科地将英语相关理论知识灌输给学生，学生难以有效参与学习过程，这严重影响着学生英语应用能力的有效培养。

（二）所用教学模式较为传统

对于英语专业的学生来说，大学英语必须通过英语四、六级考试，而相关调查结果显示，80% 以上的大学生对英语进行学习的主要目的是通过大学英语四、六级考试，这些学生一般不会主动参与教师组织的教学活动，而是大量对词汇进行背诵，并做大量的练习册。这虽然在一定意义上也属于一种综合学习的表现，但难以实现英语知识综合应用能力的有效培养。另外，尽管现阶段相关教育部门一度对大学英语四、六级考试进行改革，大学英语四、六级考试越来越倾向于对学生英语综合应用能力进行考查，但从就业市场方面看来，很多用人单位仍然将大学英语四、六级考试成绩当作对英语专业学生的主要评价指标。受此影响，应用型大学英语教学仍然或多或少残留着应试教育的影子，教师过度注重学生英语理论知识的提升，在一定程度上忽视了综合应用能力的培养。

（三）“学以致用”难以实现

目前，部分高校所选用的英语专业教材中的内容与学生实际生活还有一定距离，英语专业的英语教学内容大多注重对学生听、说、读、写等方面的能力进行培养。在这样的英语教学中，所涉及的英语大多为书面英语，与实际生活的联系性不强，应用性英语知识不多，即使不断对英语针对口语学习活动进行组织，使学生对英语知识进行学习，也难以实现学生综合性英语应用能力的有效培养。此外，在班级容量、教学时间等限制下，现阶段应用型大学英语教学仍以课文的精读为主，在其中穿插少量的口语与听力练习，难以实现学生英语交际能力的有效培养。

三、大学生英语应用能力有效培养的教学建议

（一）更新教育理念，创新教学模式

在教学实践中，教育理念直接关系到教学活动的组织是否可行、有效，目前，建构主义、交际理论、人本主义理论等教育理念都已经逐渐被融入英语教学中，这些理论的融入，在很大程度上促进了英语教学质量的有效提升。因此，在对英语专业学生进行英语教学时，教师应该注重教育理论的更新及教学模式的创新，将以人为本的理念融入教学活动的组织过程中，以"学习论"来对传统教学中的"教学论"进行替代，使学生可以积极地参与学习的整个过程，从而实现"以学生为中心"的教学。此外，教师还应该注重学生语言应用能力的培养，逐渐将"知识与技能传授"的英语教学模式转换为"学习能力培养"的教学模式，使学生成为知识的建构者，主动对自己的英语知识结构进行建构。在具体的教学中，教师需注重教学模式的创新，为学生创建更多可以积极参与学习过程的机会，并对一些探究任务进行设置并布置给学生，要求学生以正确探究的形式完成，这样才能够实现学生英语应用能力的有效培养。

（二）发挥学生主体性，实现学习能力以及综合能力的有效培养

发挥学生主体性，需从教师角色的转变入手，在传统的应用型大学英语教学中，课堂教学最主要的内容是教师的讲授，学生对英语的学习由教师主导。而对学生英语综合应用能力进行培养的应用型大学英语教学需将学生作为中心，需要在交互式、启发式的教学模式下进行，只有在这样的教学模式下，学生才不再是知识的被动接受者，而将变为信息的有效加工者、知识的主动建构者。在具体的教学中，教师需将小组合作、任务教学法、情境教学法等具有实践性的教学法积极引入，为学生组建一系列可以亲自参与其中的教学活动。例如，教师可积极引入小组合作的教学方法，在关于阅读与写作的教学中，教师可依据实情将学生分成不同的小组，为学生提供一些名著书目（全英文），指导学生以小组合作的形式完成阅读，共同用英语做出一篇读书报告，并推选出一名小组成员上台进行报道。在这个过程中，为了能够做出更为精彩的读书报告，学生势必会积极展开小组讨论，并共同对观点进行总结，这样，可对学生学习英语的能力进行培养。与此同时，在上台报告的过程中，学生可倾听其他

小组的观点，并将自己不同的看法提出，还可对上台报告学生的英语口语、表达能力进行提升。这样，不但可对学生学习英语的能力进行有效培养，而且能够促进学生英语综合英语能力、综合素质的培养。

（三）引入分层异步教学，实现“因材施教”

在对大学生实施英语教学时，教师需注重对学生个体化差异的尊重，依据学生具体情况，对教学方法进行灵活转变，以实现学生的全面发展。因此，在对学生英语综合应用能力进行培养的过程中，教师需注重个性化教学的实施，对于不同的学生，设置不同的学习任务、提出不同的要求，以帮助学生找到适合于自己的英语学习方法，进而让学生进行有效的学习，在学习的过程中不断提升英语应用能力。对此，高校可对英语课程进行分级设置，一般为一至四级，依据学生英语水平，将学生分成不同的班级，在各个层级的班级设置不同的学习起点。同时，高校还可对语言技能、语言文化、综合英语等课程进行开设，以选修课的形式供不同的学生选择，使学生选择自己感兴趣的英语课程进行学习，以对学生英语学习的兴趣进行激发。此外，高校还应该注重网络教学的实施，设置“助学课件”供学生在网络上有效地下载并学习，让学生能够依据自己的英语水平对学习进度与重点进行把握。比如，英语基础较差的学生可以侧重于词汇、语法的学习，听力较差的学生可以反复对听力材料进行聆听，口语较差的学生可以通过影片等进行模仿练习，英语水平较高的学生对其他感兴趣的英语材料进行选择与学习，进一步对自身英语水平进行提升。在学生活动中，学生可对学生英语语法、英语口语、语言应用等多方面的水平与能力进行提升。

（四）拓展第二课堂，实现英语应用能力的有效培养

大学生英语应用能力的培养不能单一局限于第一课堂，还需注重对第二课堂的拓展。对此，英语教师可积极与学校团委、社团等合作，共同组织英语演讲比赛、英语交流茶话会等活动，为学生提供更多用英语交流的机会，使学生英语应用能力得到有效提升。与此同时，如果对与英语相关的活动进行了组织与举行，教师与学校都应该对参赛学生作出相应评价，教师的评价需以鼓励性语言、语气为主，使学生学习英语的信心增强，学校的评价可进行全校表彰、颁予荣誉证书、给予学分奖励等。这样，可在全校范围内形成浓厚的英语学习氛围，使学生受到感染，对英语进行学习，参与教师组织的教学活动，以及学校组织的英语竞赛、英语交流等活动，使学生英语综合能力在参与活动的过程中得到有效培养，让学生可以灵活地将英语知识应用到实际生活中，灵活应用英语与他人进行交流。

总之，在对高校英语专业学生进行英语教学时，学生英语知识综合应用能力的培养极为重要，直接关系到英语专业对人才进行培养的质量。因此，相关英语教师应该不断对教育理论与教学模式进行更新，将学生英语水平的提升与可雇佣能力的培养有机融合起来，在培养学生良好英语学习习惯、英语学习能力的同时，对学生英语知识应用能力、综合素质等进行提升，使学生能够全面发展，培养出更为优秀的英语专业人才。

第五节　应用型大学英语教学自主学习能力培养

当前，我国高校的英语教育水平同之前相比具有了明显的进步，但是由于英语教师以及学生都存在一些问题，导致英语教学的效果不明显，学生的英语水平提升有限。

一方面，笔者通过对相关资料的调查发现，部分高校的应用型大学英语教师在传统教学思想的影响下依旧使用教师讲授、学生听讲的教学模式，这样的教学环境下师生之间缺乏有效的交流和互动，使学生对英语学习的兴趣缺失，甚至对英语产生一种抵触心理；同时，学生机械式听讲，限制了他们思维能力的发展，只能根据教师的讲解亦步亦趋地学习，使他们对英语教师形成依赖性，弱化了自主学习的能力。

另一方面，部分高校中有少部分大学生在中学阶段没有打下良好的英语基础，到了大学阶段对更高深度的英语学习存在较多困难，加上他们不善于向教师和同学请教，造成在英语学习中的疑问越来越多，对英语失去了学习信心；并且，还有大学生对英语存在着错误的认识，认为自己不出国学习了英语也没有多大用处，甚至还有大学生竟然以不学英语是爱国这种错误的思想麻痹自己，造成他们对英语缺乏兴趣，限制了他们自主学习英语习惯的培养。

一、应用型大学英语教学中培养学生自主学习能力的必要性

大学阶段的英语学习同中小学阶段的英语学习存在着本质区别，该阶段需要培养学生的自主学习能力，使他们能够严格要求自身，在主动学习英语的过程中实现英语水平的提高。应用型大学英语教学中培养学生自主学习能力对他们的英语学习以及个人成长具有深远意义，具体而言主要体现在以下几个方面。

首先，大学生大部分已经成年，他们的身心发展渐趋成熟和完善，不像中小学生一样自制力较差，在英语学习中需要教师的监督。大学生已经具备较高的自我约束力，只有培养他们的自主学习能力，才能使他们适应大学阶段各学

科的学习，才能使他们从中学阶段的学习习惯转化为大学阶段的学习习惯，适应大学学习的环境。

其次，应用型大学英语教学中培养学生自主学习能力可以显著提升他们的英语水平。自主学习能力注重学生在没有外力约束条件下的主动学习，这是一种积极的学习态度。只有大学生具有了自主学习能力才可以在日常生活中关注英语，主动探索英语，使他们端正英语学习的态度，实现英语水平的进步。

最后，自主学习能力不仅有助于大学生的英语学习，还可以对他们今后的人生发展产生深远的影响。

二、应用型大学英语教学中学生自主学习能力的培养策略

在应用型大学英语教学中培养学生的自主学习能力，需要教师纠正学生的错误态度，采取科学合理的措施激发学生的学习兴趣，创造学生参与英语教学的机会，最终塑造其自主学习的习惯。笔者根据自身对相关资料的调查研究与思考，对培养学生的自主学习能力提出了以下几点建议。

（一）转变大学生的英语学习态度

在应用型大学英语教学中纠正学生对英语的错误认知是培养他们自主学习能力的基础，因此英语教师需要使大学生认识到英语的价值意义。

一方面，应用型大学英语教师在教学中可以时刻给学生灌输英语重要性的思想，在学习新的单词时将其与学生生活实际联系起来，使他们认识到学习英语可以解决生活中的实际问题，还可以在课堂举办一些英语演讲竞赛，使学生受到激励，认识到学习英语是一种具有价值性的事情；另一方面，应用型大学英语教师可以邀请一些留学生或者外教到课堂同学生进行交流，使学生认识到自己口语方面的不足，使他们知道只有提高自己的英语水平才可以满足全球化的趋势，适应社会发展的要求。

（二）应用型大学英语教学中尊重学生的主体地位

应用型大学英语教师需要转变之前传统的教学思想，使用问题探究式的教学方法引导学生自主学习，培养他们的自主学习能力。

应用型大学英语教师在授课之前需要对教学内容有所分析与研究，选择一些具有挑战性的问题在课堂上激发大学生的好奇心，使他们独立阅读教材内容，主动搜集资料以及思考和尝试问题的解答，之后使大学生在讲台发表自己对问题的看法和理解。这种教学模式尊重了大学生的主体地位，使学生全部参与到

教学中来，使他们在独立思考提高思维能力的同时，摆脱了对教师的依赖性，初步建立起自主学习的能力。

（三）注重英语学习方法的传授

应用型大学英语教师需要从知识传授的教学方法中走出来，将“授人以鱼不如授人以渔”的思想贯穿于教学思想中。

大学生经过中学阶段的英语学习已经具备了基本的英语基础，教师通过学习方法的传授，可以使大学生的英语学习不再局限于课堂，而扩展到整个生活中。在英语教学课堂，教师可以给学生推荐一些优秀的英语学习网站及手机软件，使学生在课余时间可以自主观看学习，在开阔自身视野提高英语水平的同时也养成了自主学习英语的良好习惯。

一位美国未来学家曾经说过，未来的文盲不再是目不识丁的人，而是没有学会怎样学习的人。由此可见，是否具备自主学习能力关系到一个人的生存和发展，对此，应用型大学英语教师应该尊重学生的主体地位，从转变大学生的思想入手，激发大学生的英语学习兴趣，从思想上纠正他们的错误观念，使他们认识到英语的重要性，之后通过教授英语学习的技巧、提供自主学习途径等，为培养大学生的自主学习能力创造条件，使他们的英语水平实现提升，满足时代发展的需求。

第六节　应用型大学英语翻译教学与翻译能力培养

近年来，国内越来越多的学者认识到重视培养非英语专业学生翻译能力的必要性。总的来说，这种必要性主要来自两方面的需求。一是社会需求。进入全球化时代，我国对外交流已深入到经济、政治、文化、科技等各个领域，需要一大批具有翻译能力的人才，而仅靠少数外语学院的毕业生无法满足这种需求，因此普及翻译教学具有重大的社会效益。二是学生需求。学生对翻译的兴趣和需要具有普遍性，与专业无关，通过学习翻译可以提高他们的英语整体水平，尤其是英语应用能力。在我国，80% 的西方非文学著作是由非英语专业的学者翻译的。基于此，很多学校开始为非英语专业学生开设翻译课程，研究应用型大学英语翻译教学，从而提高学生的翻译能力。如何培养非英语专业学生的翻译能力目前在国内学界讨论得尚不多。因此，下面笔者将基于前人有关翻译能力的研究成果，探讨培养非英语专业学生翻译能力的途径。

一、翻译能力的定义及构成因素

西方研究者从不同角度对翻译能力进行了定义，其中描述较为准确及全面的是西班牙巴塞罗那自治大学的翻译能力习得过程和评估小组给出的定义：翻译能力是译者在翻译中所必需的潜在知识和技能体系。那么这个体系包含哪些成分？

目前中西方研究者普遍认为翻译能力是由一系列分项能力构成的，但对于它究竟包含哪些分项能力有着不同的看法。诺伊贝特认为翻译能力由语言能力、文本能力、主题能力、文化能力、转换能力构成。其中，转换能力是译者独具的能力。翻译能力习得过程和评估小组在实证研究的基础上认为翻译能力包括双语能力、语言外能力（关于常识和专业学科的知识）、翻译专业知识能力、工具能力（使用文献资料及其他技术的能力）、策略能力（计划整个翻译项目、保证翻译过程具有效率，发现并解决问题等能力）、心理及生理要素（包括注意力、记忆力、毅力等在内的认知、态度因素及心理运动机制）。文军认为翻译能力包括语言 / 文本能力、策略能力、IT 运用能力、自我评估能力、理论研究能力。王树槐、王若维认为翻译能力包含语言—语篇—语用能力、策略能力、文化能力、工具能力、思维能力、人格统协能力。

二、在应用型大学英语翻译教学中应主要培养的学生能力

基于上述有关翻译能力的研究，结合非英语专业学生自身需要及专业背景，笔者认为，在应用型大学英语翻译教学中应主要培养学生以下几个分项能力。

（一）双语能力

1. 双语能力是非英语专业学生翻译能力的核心

英汉互译涉及英汉两种语言的转换，因此具备扎实的英汉双语基础是搞好英汉互译的前提和基础。杨晓荣认为，如果译文皆是语言错误，就无从谈及翻译水平的提高。翻译能力的基础是语言运用能力，具备了这种能力，很多技巧就是顺理成章的处理方法。伯根指出，仅有极少数的译者具有完全的双语能力，而绝大部分的译者仍然是语言学习者。非英语专业学生尤为如此，他们在英汉水平上都亟待提高。

2. 非英语专业学生双语能力存在的问题

（1）英语基本功不扎实。学生的英语语言基础薄弱体现在英译汉中对原文理解的失误，以及汉译英中表达的失误或不地道。在英译汉中，对原文理解

的失误主要表现为词义识记不准确、词义掌握片面单一、缺乏语境意识和语篇意识。

例 1 原文：The success of two people's relationship has a lot to do with how compatible they are.

学生译文：两个人关系的成功与他们有多合作有很大关系。

在这个例子中，学生将“compatible”（和睦相处的）译为“合作”，显然，这是对单词记忆得不准确所致的。

在汉译英中，非英语专业学生与其他所有中国学习者一样，难点和主要问题在于英语的表达能力，主要表现为英语词汇缺乏、对词语搭配不熟悉、对英文的语法、结构掌握不够、不注意英汉语言的主要差异等。

例 2 原文：有些人甚至选择长途背包旅行。

学生译文：Some people even choose to travel with bags.

从这个例子可以看到，学生因英语词汇缺乏，没能找到合适的词表达“背包旅行”的意义。

例 3 原文：有朋自远方来，不亦乐乎？

学生译文：Isn't it a great pleasure that meet friends from afar?

这个例子显示出学生对英语从句的概念理解不清楚。

例 4 原文：他们强调，人们应当读好书，尤其是经典著作。

学生译文：They stressed that people should read books, especially the classic books.

这个例子显示出，学生没有注意英汉语言各自特点。译文受到原文的影响用了两个“books”，而这不符合英语喜用替代、不喜重复的特点。

（2）汉语基本功不牢固。学生的汉语语言素养也有待进一步得到提高，这体现于在汉译英时对原文理解的失误以及在英译汉时表达的不妥或不通顺上。

例 5 原文：农夫在山上砍柴采药。

学生译文：Farmers are chopping wood and collecting medicine in the mountains.

这个例子显示出，译文出现问题，主要是因为学生对原文的理解出现了偏差。例 5 中的“药”应指的是“草药”，所以最好译为“herbs”或“herbal medicines”。

3. 在翻译教学中继续提高非英语专业学生双语能力

从以上分析可以看出，非英语专业学生在英语及汉语语言素养上都亟待提高，在翻译教学中可以通过以下方法提高学生的双语能力。

第一，所选用的翻译教材应突出对双语语言能力的培养与重视。教材中应包括能帮助学生熟悉与话题相关的词汇和表达法、英汉语言对比相关知识，使学生在翻译实践中选词更准确、达意，译出符合英语或汉语表达习惯的句子，以提高译文质量。

第二，通过大量的翻译练习以及对这些练习的讨论与讲评提高学生的双语能力。在做翻译练习的过程中，教师可以让学生将练习中遇到的语言问题记录下来，并在课堂上与其他学生一同讨论，教师再进行讲评。

第三，鼓励学生在课下阅读经典的中英文名作及其译作，体验作品中的选词、造句和谋篇的方式，提高自己的审美修养。

（二）跨文化能力

语言与文化密不可分，这决定了翻译与文化的密切关系。翻译不仅仅是语言的转换，也是文化的交流。因此译者不仅应具备双语能力，还应具有一定的跨文化能力。传统的应用型大学英语教学重视语言的讲解，忽视文化因素的分析，这使得学生对中西方文化了解相当有限。在应用型大学英语翻译教学中教师应有意识地培养学生的跨文化能力，这包括帮助他们建立双语文化知识框架及培养跨文化意识。

1. 双语文化知识框架的建立

学生的双语文化知识框架是其跨文化能力的基础，在教学实践中不可脱离知识框架，空谈跨文化能力的培养。在应用型大学英语翻译教学中，教师可借助翻译材料中出现的文化现象向学生介绍有关英语国家的地理、历史、社会、经济、政治、教育、宗教等方面的情况及中国的相关情况。当然，在翻译课上能为学生传授的双语文化知识是相当有限的，学生可以通过选修西方人文经典、中国人文经典、应用型大学英语跨文化交际等课程以及阅读有关中西方文化的书籍，搭建一个中英文化知识框架，并以此为基础提高他们的跨文化能力。

2. 跨文化意识的培养

良好的跨文化意识是指对文化差异具有较高的敏感性及宽容性。在应用型大学英语翻译教学中，宜多采用文化对比的方法，使学生了解英汉文化差异，形成文化差异意识。教师可将在翻译材料中遇到的英汉文化因素进行对比，如可根据尤金·奈达将语言中的文化因素分成五类的方法进行对比：英汉生态文化对比、英汉物质文化对比、英汉社会文化对比、英汉宗教文化对比、英汉语言文化对比，使学生对英汉文化主要差异有一个比较宏观、系统的了解。此外，应培养学生比较客观地认识文化的多样性，避免民族中心论，能够站在另一种文化模式中进行思维，形成开放、包容、平等的心态。

（三）翻译专业知识能力

就翻译理论对于翻译实践的作用，纽马克曾做过这样的论述：翻译理论是向学习翻译的人显示在翻译过程中所有或可能会涉及的东西，并提供翻译原则及指导。根据这些原则及指导，译者可以做出选择及决定。因此，在应用型大学英语翻译教学中教授一些翻译专业知识是不可或缺的，它可以帮助非英语专业学生在翻译实践中做出有效的翻译决策。笔者认为在应用型大学英语翻译教学中应至少让学生掌握以下翻译专业知识。

翻译性质：学生应了解不同学派对翻译进行的描写，这些描写是什么。

翻译种类：学生应了解从不同的角度可将翻译划分为不同的种类，这些分别是什么。

翻译的标准：学生应了解翻译质量的衡量要依照翻译的标准；国内外对于翻译标准的论述众说纷纭，具有代表性的有哪些，翻译究竟有没有固定的标准。

翻译的过程：学生应了解翻译的过程通常涉及理解、表达、校核三个阶段；在这三个阶段，译者要分别注意什么。

翻译策略及方法：学生应了解翻译策略与方法有哪些；在选择这些策略或方法时分别受哪些因素的影响。

翻译技巧：学生应了解鉴于英汉语言的区别性特征，译者在翻译时可以采用适当的翻译技巧；常用的翻译技巧有哪些。

教师可根据学生的特点和需要增添其他的翻译专业知识。因为教学时间有限，所以可将一部分专业知识的讲解贯穿在翻译练习的讲评中。

（四）文本能力

这里的文本能力指的是学生了解不同类型文本，尤其与自己专业相关的文本类型特点与翻译原则、方法。因此，让学生了解及掌握与自己专业相关的应用文本特点与翻译原则与方法是有必要的。例如，在非英语专业学生中，有相当一部分学生将从事与科技相关的工作，而科技文本翻译现已成为科学技术工作一个重要的组成部分。科技翻译的目标是再现原文的信息功能。英汉科技文本的语言都具有准确、正式、规范、客观、逻辑严密等特点。科技英语中又有大量使用名词、被动语态的特点，在英汉互译时要根据需要进行名词与动词、被动语态与主动语态的互换，另外还要注意术语翻译的准确性。

商务信函翻译主要为将来从事经贸工作的学生而设。商务活动交际具有客观性、规范性，这要求商务信函在选词用字、句法结构、篇章结构符合该行业的规范及专业特点。英汉商务信函的语言都具有简洁、明晰、准确、完整、礼貌等特点，且都有不少固定的套语。比较而言，英语商务信函中有着语域色彩很强的套语，程式化更高。在英汉商务信函互译时，要注意各种商务信函套语的规范使用。

教师可结合所教学生的专业背景，还可向学生讲授新闻文本、法律文本、广告文本、论述性文本、说明性文本等其他的一些应用文本的特点及翻译方法，教学材料尽可能真实，因为篇幅所限，笔者在此不再详述。

（五）工具能力

翻译工作涉及方方面面的内容，当译者在翻译过程中遇到解决不了的问题时，就要做调查研究。如果查询方法得当，译者可以在较短的时间内获得翻译所需的相关知识，减少翻译失误，保证翻译质量。因此，有效使用查询工具的能力是译者必备的能力。

传统的适合中国学生使用的英汉互译查询工具主要是词典，包括双语词典（英汉词典，汉英词典）、单语词典（如汉语词典、英英词典、英语搭配词典、英语用法词典等）。许多翻译初学者在英语中找不到汉语的对应词或短语时，就会求助双语词典，没有意识到双语词典具有局限性。其实，对于我们没有把握的词，通常需要我们查找英语词典、英语同义词词典来确定其意义，通过查找英语用法词典、搭配词典来确定它使用的句型及与其他词的搭配。

随着自然语言处理技术和人工智能技术的发展，现代翻译查询工具种类繁多。首先，很多传统的翻译工具书出现了电子版本，如各种在线双语词典、单语词典、在线百科全书等。其次，还可以利用各种搜索引擎进行查询。李长栓指出可以利用谷歌查专有名词、专业术语、中国特有概念、平行文本、图像等，只要方法正确，就可以准确、有效地找到我们需要的资料。除了这些之外，还有各种电子语料库、机器翻译软件、翻译记忆和术语管理工具等能够极大地帮助我们提高翻译质量及效率。总之，培养学生使用查询工具的能力，使学生了解如何使用这些工具以及知道什么时候该使用哪种工具，是发展学生翻译能力的一个重要组成部分。

翻译能力的培养是一个长期的过程。笔者相信，通过在应用型大学英语翻译教学中培养学生的双语能力、跨文化能力、翻译专业知识能力、文本能力及工具能力这五个分项能力，能够为学生建构一定的翻译能力，并培养学生学习翻译的兴趣，提高英汉语整体水平，为将来从事与翻译相关的工作打下一个较为坚实的基础。

第七节　应用型大学英语口语教学与口语交际能力培养

应用型大学英语口语教学，是一种实践性以及目的性非常强的教学行为，相关教师应该利用合理的教学手段及丰富的教学资源，让学生能够在交际训练当中得到有效的培养以及锻炼。笔者通过对当前应用型大学英语口语教学现状的分析，探讨了有效提升大学生英语口语方面交际能力的具体方法。

如今的社会是知识以及经济飞速发展的社会，有关对外交流的重要性不断提高，社会对于人才方面的需求越来越强烈。而师范类大学作为培养学生专业性非常强的高校，对于英语口语水平方面的提高是必行之势。大学教师为了使学生更好、更顺利地适应社会以及职业能力方面的需求，必须要将学生在英语口语能力方面的培养重视起来。

一、当前应用型大学英语口语教学的现状

（一）语言基础能力方面相对薄弱

就笔者所在的院校学生而言，英语基础知识方面普遍非常薄弱，对英语单词方面的发音还有英语的语法等都没有进行正确的、系统的掌握。同时，学生词汇积累不足的问题也会导致学生羞于用英语进行交流，进而形成一个不良的循环。除了词汇量之外，还有部分学生在阅读的有关过程中会发生吞音、偏音及错音的情况，这些问题对学生有关口语交际能力方面的培养造成了极大的抑制。

（二）缺少英语口语练习的环境

就语言来讲，最有效的学习方法之一就是有合适的语言学习环境。当前很多高校都不具备英语口语方面的学习环境。某些学校因为教学总时数、教学设备，还有班级规模等方面的制约，导致学生在英语口语表达上受到了极大的影响。根据有关数据表明，有 80% 的人认为，对于学生自身英语口语表达产生制约的最为关键的因素就是缺少英语学习方面的良好环境。在实际的课堂教学当中，英语课一周仅仅只有两节，教师将大部分时间都用来教学，从而导致没有足够时间引导学生口语交流，同时学生自身也有不愿利用英语进行交流的现象。

（三）焦虑感对于学生的积极性产生影响

美国心理学家霍维茨等对于外语学习方面的焦虑做出一系列研究之后发现，焦虑感在有关外语学习者进行口头交流的时候会产生极大的影响。因为部分学生自身的口语能力较低，普遍具有自卑心理，因此而产生的紧张以及焦虑往往会对学生练习口语的有关过程中造成很大的负面影响。经过有关调查发现，仅仅只有 15.2% 的学生乐于面对全班学生进行口语练习，而绝大部分学生更乐于和同桌或者是几位同学进行有关英语方面的交流，在课堂上面对所有学生进行交流会感到不安、紧张，导致其成为一种极大的负担，无法达到良好的练习效果。

二、大学生英语口语交际能力的培养策略

（一）利用阅读教学为口语交际打下基础

课堂教学必须要将学生作为学习过程当中的主体，由教师起到主导的作用、将训练当作主线，从而使“交际—互动”可以贯穿相关教学过程。教师对于课文进行导入的时候，应该凭借课文内容对学生进行口头提问亦或是组织小组讨论。有关讲解课文的具体过程当中也可以让学生切实参与进来，强化师生之间进行的双向交流，对学生自身的口语能力进行有效的培养。课文结束之后还应该进行复述、谈论以及角色表演等有关方式进行巩固以及总结，从而强化学生自身的表达能力。与此同时，学生自身的口头交际能力相对较差的一个重要原因就是构建语篇方面能力不足。所以，在实际进行阅读的时候，教师应该引导学生正确地找到文章当中的关键词、中心句以及文章主题，从而对其整体结构进行分析，同时还应该模仿其具体的话语表达，并且让学生进行反复应用，从而提高他们在衔接以及连贯作用方面的词语应用。除此之外，教师还应该重视合理拓展学生自身的知识面，譬如在谈论有关环境方面的问题时，如果学生只知道 Air Pollution（空气污染）、Water Pollution（水污染），这样就无法将问题探讨的更加深入。

（二）凭借课外活动对学生口语交际能力进行培养

教师应该开辟多种渠道来强化学生交际能力方面的培养，在有关课外活动当中合理创设语言环境，从而有效培养学生自身的口语交际能力。对于英语教学来说，其本质上是一种技能教学，因此必须要进行大量实践，同时还要求教师与学生在课堂之外共同营造相关的氛围并加以运用。合理选用可行性高，并

且能够有效激发学生在英语方面的学习热情的方式。有目的、有计划、有组织地进行英语课外活动，从而为学生提供更好的、更加高效的英语实践机会。具体的课堂教学应该和课外活动之间进行有机结合，进而起到互相促进以及相互补充的重要作用。

（三）合理应用现代化相关教学手段

英语教学当中可以凭借视频、录音或者是多媒体实施视听教学，利用声像结合的有关立体教学形式，创造教学形式多样的有关语言学习环境，把视听教学片当中的内容和基础听力方面的训练进行有机的结合，使整个教学贯通一致，从而训练以及提升学生自身的判断思维能力，让他们能够更妥善地掌握语言表达方面的背景、功能以及方式，进而实现基础知识以及运用能力得到共同发展的根本目的。

综上所述，语言的学习，特别是口语能力方面的提高重点在于相关技能以及语言知识方面的积累，同时也依赖于相关文化知识以及口语交际策略方面的掌握，教师必须要将能力训练与其达到融会贯通，从而稳步提升学生在英语方面的应用能力。

第八节　应用型大学英语口语教学与批判性思维能力培养

随着经济文化水平的不断提高，社会各界对具备批判性思维能力的高素质人才的需求日益增加。高校作为高水平英语人才输出的主阵地，如何在提高大学生英语口语水平的同时，加强对学生批判性思维能力的培养，是一个亟待解决的问题。

一、批判性思维的概念

批判性思维就其具体含义而言，学术界尚无统一定义。作为“批判性思维之父”，杜威提出的“反省思维”概念被公认为批判性思维的直接雏形。美国学者罗伯特认为，批判性思维就是个体在决定相信什么或做什么时利用后天习得的客观经验进行的反省思维。大多数学者比较认同以法乔恩为代表的德尔菲报告中的定义，即批判性思维是有目的的自我调控判断过程，包括解释、分析、评价、推理以及对于证据、概念、方法标准的解释说明，或对判断所依据的全部情境的考虑。

综上所述，批判性思维是指通过反思活动改善思维，从实际出发，针对问题作出合理的判断，能够通过后天学习加以培养。

二、应用型大学英语口语课程现存的问题

（一）重视应试英语知识讲解，轻视口语水平训练

受学校结业考试及社会性考试（如大学英语四、六级考试）的压力影响，许多应用型大学英语教师在教学设计中着重对英语语法知识、阅读技巧、单词用法、写作思路等进行讲解，这些内容占用了大部分有限的课堂时间，导致学生口语训练课时不足，口语交际能力以及逻辑思维能力得不到提升。

（二）过度强调语法知识的准确性及表达的流利程度，轻视对思辨能力的培养

许多大学教师意识到了英语作为实用语言的工具性作用，也有意识地在课堂教学中导入相关内容，对学生英语口语加以训练。一定程度上，这能明显加强学生对于英语口语重视程度，另一方面，这些教师往往着重关心学生在口语训练时的语法规范性以及语言流畅程度，对于学生口语表达的具体内容，以及背后蕴含的思维能力不甚关心。这就造成了学生口语训练过程中只重视语言形式，不重视语言背后的表达逻辑，造成学生的英语运用思辨能力不强。

（三）英语话题过于简单，无法起到锻炼思维能力的效果

现有教材中对于应用型大学英语阅读内容的安排多半是贴近生活用途的内容，缺少与专业相关的具备锻炼学生批判性思维能力的主题。教师在课堂上准备的教案也延续了这一模式，导致学生接触到的英语口语训练往往是日常生活中常见的英语交流技能，缺少思辨性的内容。

三、应用型大学英语口语培养批判性思维的必要性

（一）改变英语教学主体观念的要求

传统英语教学模式下，教师作为师生之间的主导者，通常起着督促学生学习、评价学生学习效果的作用，而学生则只是枯燥地听从于教师的教学，时间一长，难免丧失主动学习的能力。在英语口语课堂上，教师往往单一地讲解单词、句型、语法，学生被动地接受知识，这种枯燥乏味、单一的教学模式，学生参与度不高，无法与教师积极互动、交流，因此学习效果并不理想。

（二）改善评价模式的要求

传统英语教学环节对于学生进行评价的方式往往是单一的纸面考试，这就造成了教师对学生的评价过于片面，不能有效掌握学生的水平。这种方式不仅难以给予教师实时的反馈信息，帮助其准备合适的教学内容，而且由于对学生的综合应用能力关注较少，难免对学生学习英语的目标起到一定的误导性，主要表现为比起英语的实际应用能力，学生更加关注考试的成绩高低。

（三）应用型大学英语教学改革提出重新定位的迫切要求

长期以来，国内外学者一直关注着英语学习和英语教育未来的发展方向。早在 20 世纪 90 年代，英国文化委员会对此就进行了大型调查。结果显示，实际英语教学将会发生一个最本质的转变，即英语学习的内容不再是简单地针对语言知识的学习，而是更多结合了某方面或者某学科的专业学习。国内很多学者进行研究之后，也一直在努力设法转变应用型大学英语教学理念。必须对国内第二语言教学作战略性的改革，要点是把通俗的英语教学内容全都下放到中学阶段去完成，以便教学对象进入高校时即可专注于专业英语的进修。我国应用型大学英语教学的发展方向必然是用专业用途的英语教育代替通用英语教育。通用英语的教育，基础英语教育应该由中小学负责教育，而大学和研究生英语教学内容重点是专门用途英语或学术英语。总结以上学者的思路，应用型大学英语教学改革应该努力实现从语言知识型到专业技能型的改变。

现今大多本科高校学生在刚进入大学校门时，英语能力已经可以满足日常交往的需要，急需提升的是专业范畴的英语实践本领。若应用型大学英语教学依然仅仅把重心放在通用英语方面，就会造成教学内容冗余，教学对象将缺失学习不同内容的兴趣。相关课题组屡次举行的教学研究、教学改革和实践调研显示，大多传统应用型大学英语视听说课程的教学对象上课时极度缺乏积极性，缺席率相较专业课而言非常高，教师讲课过程中也感到讲堂实践反响较差。众多教学对象反映，从大学二年级开始，学生英语水平非但没有提升反而退步。语言学习规律也表明，具有一定语言能力后，若仍长期局限于初级语言能力练习，不能提高语言水平。

部分大学已经采取了降低通用英语教学课时的方法，如压缩课时、降低学分等。还有些高水平大学已经彻底取消了通用英语教学，专注于专业英语教育。如果想大幅度提高非英语专业本科学生的英语水平，必须将英语语言与专业知识结合在一起。应用型大学英语教育变革的未来趋势是使用英语作为教授专业课内容的工具。也就是说，应用型大学英语教学目的要突破传统的局限于语言技能的提高，要实现英语不仅有所学而且有所用，即将英语能力结合专业知识，才会真正地激发教学对象的学习兴趣，学习效率才能得以提高，语言的价值才会得以实现。

（四）应试英语无法满足社会用人单位的需求

随着全球化浪潮的进一步发展，我国经济水平得以不断提高的同时，社会对复合型人才的要求不再是简单的可以使用基础英语进行日常交流，而是拥有高质量英语水平可以进行专业知识沟通的人才。企业需求的提高，要求高校英语教育必须突破单一的通用英语，进一步提升学生英语水平的实用性与专业性。

（五）对专业英语提出明确的高水平要求

随着基础英语教育水平不断提升，应用型大学英语不能仅仅停留在传统要求上，必须进一步提升教学水平。《应用型大学英语课程教学要求》中明确指出，高校英语教育出的高水平学生应该具备的能力：在英语听力方面应该能够听懂使用英语教学的专业课程、使用英语为主要语言的讲座；在英语口语方面，应该能够在国际会议中使用英语进行与会讨论、宣读专业论文等；在英语阅读方面，应该能够无障碍地阅读所学专业的英语课文、文章等素材；在英语写作方面要求学生能够使用英语流畅地撰写专业相关的文章、简报等。这些新的要求指明了应用型大学英语的发展方向，即不能简单停留于语言学习，必须以内容为依托进行英语教学。

四、应用型大学英语口语培养批判性思维的可行性

把学科教学与批判性思维培养相结合是目前培养大学习者批判性思维能力切实可行的方法，国内许多研究者都认为它应该成为批判性思维训练的主流。语言与思维作为一对矛盾统一体，相互联系又有所不同。语言作为思维的外在工具，是人类进行理性思考的外在帮助手段，思维作为语言表达的内容，是语言之所以存在的重要意义之一。个体在学习语言的同时，运用词语来描述意识中的概念，使用句子来表达概念之间的相互作用，语言运用的同时表达着自身思维方式，语言水平的提高推动着思维水平的发展。汉语与英语表现出来的思维方式具有典型的差异，英语通常先说结果再说原因，汉语通常先说原因再说结果，英语多用具象的词句表达逻辑方式，中文则多用抽象词句表达复杂概念。学习者通过学习英语口语，在意识思维上，能够获得一种全新的思维方式，因而在使用英语口语进行教学时，通过在语言学习中加入批判性思维的训练，能

够利用语言与思维之间的相互关系，提高学生的批判性思考能力。

五、应用型大学英语口语教学中引入批判性思维的教学方法

（一）育人先育师

大学口语教师自身批判性思维素养的高低，直接决定其是否能够在课堂上运用批判性思维的方式进行教学，进而影响学生是否能在课堂上学习使用批判性思维。因而院校应该加强对口语教师批判性思维的培养，并且要针对教师的批判性思维能力予以合理评价，并根据教师批判性思维能力的高低，有针对性地对教师进行分层次培养。

（二）课堂上提出富有思辨性的问题

通过在课堂上引入富有思辨性的问题，教师可以引导学生针对问题进行具体的思考、探讨、分析，通过问题的形式来组织学习内容，随着问题解决的步骤推进学习进程。一般而言，问题解决的过程主要有问题的发现与界定过程、问题的分析过程、提出问题解决方案并具体实施的过程，以及总结评价问题解决方式、提出进一步改进方式的过程。教师在课堂上通过引入问题，根据上述四个阶段推动课程的不断进展，在此过程中，教师首先要提出富有思辨性的问题，充分引起学生的好奇心和注意力，促使学生对问题加以探讨分析之后，鼓励学生以小组的形式，提出解决问题方案，最后根据问题解决的方式进行分析、评价、总结，促进学生批判性思维能力的提升。

首先，教师课前事先准备好具有思辨性的问题，在课堂上要求学生对其进行分析。通常具有思辨性的问题答案一般具备开放性，不是简单的是与否，也不能通过在授课内容或者课本教材中查找得出，而要通过学生根据自己已知的规律常识先辈经验等，按照一定的逻辑方法推断事物之间的复杂联系，在此基础形成自己关于问题合乎逻辑的观点与看法。在思考此类问题的过程中，学生不再是单纯地被动接受知识或者从已有教材中查找知识，而是通过批判性的思考方式，得出自己认为合理的答案。

其次，在解决问题的过程中，教师要给予学生相关提示，引导学生从自身已有知识体系出发，独立分析问题、解决问题，给出自己认为合适的解决方案，还要针对自己的解决方案予以批判性思考，查看其中是否有违背逻辑或者事实常理的情况出现，进一步改进自己的解决方案。在这样的过程中，学生通过独立解决问题积累了分析问题的方法，锻炼了分析自己逻辑正确性与否的思维方

式，加强了批判性思考能力。

最后，教师应该根据学生提出的解决方案采用合理的标准进行评价总结，或者通过学生小组之间的学生评审，加强学生对问题本身的认识，增进学生对于同龄人关于批判性思考能力高低的认识程度，进而促进学生之间向批判性思考能力较强的人看齐。在进行学生评审以及教师总结之后，可以要求学生在此对问题进行深入的反思，以加强学生对于问题进行反复批判性思考的能力。并要求学生或者小组根据整个话题内容，结合全班所有人对于问题的共同讨论、分析、反思，完成一份书面总结报告，以加深同学对整个批判性思考过程的印象。

（三）引入富含思辨性的教学活动

在课堂上通过引入思辨性的教学活动，如辩论赛、演讲比赛等，不仅能够有效提升学生参与英语口语训练的主动性和积极性，而且能够充分利用思辨性活动，锻炼学生批判性思考的能力。辩论主题可以结合教材内容选择当下具有争议性的社会热点问题，或者是大学生通常感兴趣的与自身职业发展、恋爱状况相关的话题。在具体运用时，可以要求演讲者或者辩论双方自行设计好演讲内容以及辩论方案，在此基础上要求学生针对自己的演讲内容和辩论方案进行逻辑评估、反思，之后对违反逻辑原则的论点进行更改，保证整个演讲或者辩论能够按照主题内容顺利展开。在进行演讲、辩论后，可以通过小组讨论的方式针对演讲者、辩论双方的论点、论证进行批判性思考、评价，并且给出相应的改进建议，充分利用学生自身的积极性，锻炼其批判性思考的能力。

六、应用型大学英语口语教学中引入批判性思维的课程设计与实践

英语口语课程应该本着互动互助的教学理念，采取形式多样的授课方式，激发学生对于口语学习以及批判性思维能力提升的积极性，让学生参与到课程中来，达到良好的教学效果。笔者在实际教学过程中，采用了如下方式进行口语教学。

（一）分组

将全班学生分为若干小组。小组合理的划分，考虑因素包括小组中成员的英语口语水平高低、批判性思维能力高低、男女比例均衡等，以帮助小组各成员能够根据自己的能力高低、性格特点分工合作。

（二）提出话题和引证资料

通过线上或者课堂的渠道提出具有思辨性的问题，一般结合课本相关内容，提出大学生日常最关心的话题。引出话题并提供引证资料，小组内部先相互讨论，列出合乎逻辑的提纲。

（三）小组讨论和课堂汇报

小组成员讨论列出自己针对问题进行批判性分析的提纲，小组派一名代表宣读本组的课堂汇报，其他小组对此汇报进行批判性的评价，给出具体的改进建议。课堂汇报主要包括以下四个内容：观点陈述（State），即针对问题自己进行批判性思考后得到的观点；详细叙述观点（Elaborate），根据陈述的观点，展开具体的分析论证；实例分析（Exemplify），通过现实中的实例，论证先前的观点内容；总结提升（Conclude），结合问题，提出自己对于问题总结性的论述。作为整个教学过程的重点环节，这种具有批判性的同辈评审加上反思修改是批判性思维通过语言进行外化的具体形式。学生在小组讨论中能够发现自己思考问题的误区、不足，进而予以补充。小组在课堂汇报中可以得到同学的反馈，这种过程不仅能让学生丰富自己对于问题的认识，而且能够让学生对于问题的分析、认识、思考不断深化，获得足够丰富的问题解决方案。

（四）总结与反思

教师在话题汇报结束后进行总结，反思教学过程中的各个环节，对学生的小组作业完成形成性评价。学生针对该话题以及整个教学环节中的参与度完成一份反思性报告，总结收获，反思不足。通过书面反思，更加全面地看待问题或者社会现象，加强批判性思维能力的提升。

随着社会经济水平的不断提高，社会各界对具备批判性思维能力的高水平高素质人才的需要日益增加。高校作为培养高素质人才的主战场，应用型大学英语教学课堂是主阵地，因此，应用型大学英语口语教学过程中，口语教师要努力提高自身的批判性思维水平，充分重视在口语教学中融合批判性思维教学方法，通过具备思辨性的教学活动来提高学生的批判性思维能力。

第九节　“互联网 +”背景下应用型大学英语教学与创新能力培养

在当今知识经济时代，互联网与传统行业的深度融合，创造出了一种新的社会形态。“互联网 +”也无一例外地渗透到了教育行业中。“互联网 +”改变了人们获取知识和信息的方式和手段，带来了英语教学手段和教学方式的极大变革，也改变了英语学习者的学习观念和学习方式。这些变化为应用型大学英语教学提出了挑战，也提供了机遇。

创新能力体现了一个国家的综合国力，同时也是人才竞争力的体现，创新能力的培养是高等教育的重要目标之一。如何顺应时代的发展，在信息技术日益发达的现代社会，将互联网技术融入应用型大学英语教学，培养学生的创新能力，以适应国家人才培养的需求和社会发展的方向，是应用型大学英语教育面临的课题。在这样的背景下，教师重新思考和定位自己在应用型大学英语英语课堂教学中的角色，培养大学生的创新能力成为时代提出的必然要求。而大学生的创新能力必须落实到具体的实践中，探索在应用型大学英语课堂中培养学生的创新能力是响应政府的号召，顺应时代的要求，对于培养当代大学生适应知识社会新形态的发展需求，培养创新能力具有重要的意义。

一、“互联网 +”背景下应用型大学英语教学现状

许多研究者对“互联网 +”背景下应用型大学英语改革与发展进行了研究。由李山编著的《英语语言教学改革与创新：互联网 + 教育探讨》是当前教育领域第一本将“互联网 +”和“英语教学”相互融合作为研究主体的学术性专著。它从语言教学的角度出发，围绕“互联网 +”环境下英语教学问题展开讨论，探讨如何在“互联网 +”背景下如何进行英语教学的改革和创新，以适应时代的发展和学习者的新需求。庄智象等人从教学大纲、课程体系、教学方法与手段等方面探讨了如何培养国际化创新型外语人才。王丽丽、杨帆从教学方法与教学手段、学习观念与学习方式、教师角色与教学技能等方面探讨了“互联网 +”时代对应用型大学英语教学的挑战与冲击，提出构建“慕课 + 微课 + 翻转课堂”的多元混合教学模式以及“微信 + 移动网络”多元互动学习环境，改革传统的应用型大学英语教学，以适应时代的发展。刘刚等回顾了国外互联网教学创新的实践与启示，阐明了互联网对高校教学带来的影响，提出了从学校、教师和学生三方面进行“互联网 +”时代高校教学创新的具体对策。贺小华从科学管理、

人本理念、“启思导创”、创新型教师等方面提出了应用型大学英语创新教育体系建设。吴怀宇等人分析了高校教育制约学生创新能力培养的主要因素，从统一思想认识、深化教育教学改革、营造创新氛围等方面提出了培养学生创新能力的途径。单胜江分析了应用型大学英语教学现状及存在的问题，从更新教学理念、创新教学模式、建立有效的教学评价体系提出了应用型大学英语学生创新能力培养的策略。李永才认为应对现有的培养目标、教育观念和培养模式进行改革和创新，透彻分析外语课程体系及师资水平。为我国的对外开放和经济发展培养高素质的外语创新人才。

以上研究侧重在两个方面，其一是从一般意义上探讨创新型人才培养模式或者人才培养体系的研究，其二是侧重于互联网时代如何抓住机遇，迎接挑战，促进教学改革与发展的研究。

二、“互联网＋”背景下教育要素特征的变化

互联网广泛应用于教育领域，为教学的变革提供了新的技术手段，改变着人们的学习观念和学习方式，也推动着教学要素的深刻变革。教学活动关乎教师、学生、教学内容、教学方法、教学环境、师生关系等诸要素。在“互联网＋”的时代背景下，这些教学要素正在发生着深刻的变化。

（一）学生的变化

现在的大学生成长在知识经济大变革时代，从小就被各种信息技术所包围，熟悉各种信息工具的使用。他们头脑灵活，思想活跃，自由与民主意识强，善于接受新鲜事物，具有创新意识和进取精神。他们不再满足于书本和课堂知识，尤其是智能手机具有移动互联的功能后，学生通过互联网广泛涉猎各种信息，信息的广度和深度有时甚至超过了教师。

（二）教师的变化

在互联网时代，教师的角色发生了很大的变化。获取信息渠道的多元化使他们不再是信息的绝对拥有者，他们的权威地位受到了前所未有的挑战。他们的论点常常会遭到学生的质疑，海量的信息也让他们无所适从。同时各种信息设备以及移动终端的使用要求教师能够熟练使用多媒体以及各种信息工具进行教学。学生的多元化需求也对教师的素质提出了更高的要求。

（三）师生关系的变化

在互联网时代，学生获取信息的多元化打破了教师的知识垄断地位。多元

化的交流方式拉近了师生之间的距离，扩大了交流的范围，增进了相互的了解，促成了师生之间平等关系的建立。因此在互联网时代，教师的角色从教学活动的主导者，变成课堂活动的管理者、引导者和服务者。

（四）教学内容的变化

互联网时代，教学不再局限于一本或几本教材，互联网如广阔的海洋，包容教学资源于万象。这些互联网资源也为教师的教学提供了更多的选择，也为教学内容提供了丰富的补充，为教师充分利用互联网培养学生的创新能力提供了坚实的基础。但是应用型大学英语教学课时有限，教师在浩如烟海的资源中为学生选择合理的教学内容显得十分必要。

（五）教学方式的变化

随着互联网的发展和慕课、微课的兴起，以及互联网资源的增加，不断丰富、拓展着应用型大学英语的教学内容，也改变着传统的教学方法。现代信息技术在英语课堂的应用让师生互动、生生互动和人机互动成为可能。教师可以采用任务式、合作式、项目式、探究式等教学方法，引导和启发学生积极主动参与课堂学习，多元、互动成了英语课堂的主导教学模式。

（六）教学环境的变化

互联网时代，多媒体、通信设备、网络终端、移动互联网让教学环境变得丰富多彩。现代信息技术应用于英语教学，网络学习平台为学生提供了主动学习、自主学习、个性化学习等丰富多彩的学习方式。教师可以随时记录和监测学生的学习过程，也可以随时随地和学生交流，对学生的学习进行反馈。课堂不再是简单的知识传递的场所，而是教师引领学生成长，指导学生学习，答疑解惑、管理服务的场所。

三、“互联网+”背景下应用型大学英语课堂创新能力的培养

创新能力的构成极其复杂，理论界对创新能力的构成存在诸多不同的看法。创新能力的构成极其复杂，理论界对创新能力的构成存在诸多不同的看法。文秋芳认为创新人才的内涵应该是具有创新素质的复合型人才。而创新素质又包含创新精神、创新能力和创新人格。创新能力是创新所需要的创造性思维能力与解决问题的实践能力。单胜江认为高校创新教育包含创造性思维能力和创造性实践能力两个方面的内容。岳晓东认为，大学生创新能力包括思维、人格、智慧三个层面的内容。孙奎贞等提出，创新能力的构成因素包括想象能力、联

想能力、分析能力、实践能力等 15 项能力。综合前人研究，笔者认为学生创新能力的培养包含三方面的内容，即创新人格、创新思维和创新实践。

（一）整合教育资源，培养学生创造性思维能力

创造性思维是创新能力的核心，如何在应用型大学英语课堂教学中培养学生的创造性思维能力成为问题的关键。以教材为基础，以慕课微课及互联网资源作为补充，为学生提供丰富的语言材料，创设具体的使用语言的情境，激发学生的好奇心和强烈的创新动机，培养学生的问题意识。在提出问题、解决问题的过程中锻炼学生的创造性思维能力。

1. 以慕课等互联网资源充实教学内容

创新精神体现在两个方面：求新，即对新事物的好奇心与敏感性，对新知识的求知欲望；求异，即对司空见惯的事情能提出问题，产生疑问。求新求异的精神是创新的动力与源泉。培养学生的创新思维能力，就是要提供给学生丰富的学习资源，传递更多的新奇信息，激发学生的学习兴趣和求知欲望，刺激学生的创新思维。

创新思维能力包括发现问题的能力、批评能力、解决难题的能力。外语教育中的创新思维能力主要体现在运用创造性语言活动能力。网络技术的发展极大地扩展了学生学习知识的范围和途径。在应用型大学英语教学中，可以将慕课等互联网资源引入课堂，这样可以调动学生学习的积极性、主动性和好奇心。在学习了这些互联网资源之后，可以让学生开展演讲、讨论，课后论文等形式，培养学生的语言运用能力，有了更充实的语言输入，才能进行创造性的语言思维。无论是慕课教学资源还是互联网学习资源，这些丰富、生动、形象的教学内容显著提高了教学效率，不仅能引起学生学习英语的兴趣和热情，同时也能激发学生的求知欲望，提升学生的创新思维能力。

2. 构建基于互联网的开放多元学习环境

“互联网 +”颠覆了传统的“机械”和“被动”的学习方式，让学习环境变得开放多元。在应用型大学英语教学中，应充分利用互联网的特征，在移动互联网全覆盖的环境中，设计网上交互学习教学系统，这个教学系统可以将自主学习、教学管理、课程教学、学习评价、交流互动融为一体，拓展教师的教学空间和学生的学习空间。互联网为教师和学生营造了一个自主、易操作、可移动、可监控的网络环境，实现了平台、教师、学生和学习资源的深度互动。这些方式拓展了学生英语学习的时间和空间，同时师生之间、学生之间的交流

也开阔了学生的视野，可以做到取长补短。在互动交流中，也产生了思维的碰撞和共鸣，学生学会了发现问题、解决问题，在这个过程中，学生的英语应用能力和自主学习能力得到了提高，他们的创新思维能力也得到了较好的培养。

（二）转变教育方式，培养学生创新实践能力

学生创新实践能力的培养最终要落实到课堂教学实践中。在课堂教学中，转变教学方式，改变单一的知识传授教学模式，使用自主探究、角色扮演、小组讨论、成果交流汇报等方式，积极开展翻转课堂教学改革，鼓励自由讨论、争辩，形成民主和谐的氛围，让学生在具体的语言环境中，在使用语言的过程中，引导他们探索未知的领域，在发现问题、分析问题、解决问题的过程中，培养学生的创新实践能力。

1. 采用以微课为基础的翻转课堂教学模式

创新能力的培养最终要落实到具体的实践中。而翻转课堂是培养学生创新能力最好的实践。翻转课堂以翻转了传统课堂的顺序而得名。它以微课为基础，优化了教学流程，提升了教学资源的配置效率。翻转课堂优化了教学的流程，节省了时间，既可以用于加强师生之间、学生之间的互动、讨论，在反复思考、不断辩论的过程中，学生实现对所学知识的融会贯通及灵活运用，实现对所学知识的提炼更新、优化升级。在翻转课堂的过程中，学生在完成各种活动的过程中，要根据具体需要独立或合作发现问题并解决问题，他们会使用各种方法，达到解决问题的目的，在这个过程中，学生的创新实践能力得到了有效的培养和锻炼。

2. 构建互联网时代多元互动师生关系

良好的师生关系可以激发学生的学习兴趣，启发学生思维，培养学生的创新精神。互联网技术应用于课堂，使教师和学生的交流互动途径变得多元化。师生既可以面对面地交流互动，也可以通过互联网等通信技术实现网上互动。教师的角色从原来的知识灌输者变成了课堂活动的组织者、引导者、服务者。学生有更多的机会进行自我学习、自我训练、自我活动以展示自己的学习成果，学生的各种创新能力得到了较好的培养和锻炼。在课堂上，教师和学生可以通过各种活动进行互动，主要包括独立探究、互动协作、成果展示。学生可以通过对话、讨论、小组活动、角色扮演、辩论等活动对问题进行充分论证。学生经过独立探索、协作学习之后，要通过展览会、报告会、辩论会、小型比赛等进行个人或者小组的成果汇报，交流学习体会、分享成功和喜悦，也可以通过

微信、QQ、互联网学习平台进行互动。在各种互动中，学生要完成各种活动，就会调动起各方面的积极因素，进行计划、安排，查找资料，独立思考、做出判断、最后付诸行动。在这个过程中，学生的独立思考能力、解决问题的能力、创新思维能力得到了培养和锻炼。

学生的创新能力是在具体的课堂教学中培养起来的。在“互联网 +”时代，教学要素的各个组成部分发生了巨大的变化，如果固守传统的教学方式，则不利于学生创新能力的发展，不能培养出符合时代需要的创新型人才。因此应根据变化了的形势，找出相应的对策，从培养学生的创新思维能力和创新实践能力入手，整合教育资源，转变教育方式，在具体的课堂教学实践中培养学生的创新能力。以上只是对于“互联网 +”应用型大学英语课堂教学培养学生创新能力的初步研究。创新能力的培养是一个宏大而复杂的工程，有待后续更加精细和深入地研究。

参考文献

[1] 黄文源. 英语新课程教学模式与教学策略 [M]. 上海：上海教育出版社，2004.

[2] 潘景丽，黎茂昌. 新课程：中学英语教学理论与实践 [M]. 成都：四川大学出版社，2011.

[3] 乐伟国. 新课程教学素材与方略：小学英语 [M]. 宁波：宁波出版社，2006.

[4] 黎茂昌，潘景丽. 新课程：小学英语教学理论与实践 [M]. 成都：四川大学出版社，2011.

[5] 郑秉捷. 中学英语新课程课堂教学案例 [M]. 广州：广东高等教育出版社，2003.

[6] 尹世寅，赵艳华. 新课程：中学英语课堂教学如何改革与创新 [M]. 成都：四川大学出版社，2005.

[7] 高洪德. 高中英语新课程理念与教学实践 [M]. 北京：商务印书馆，2005.

[8] 郭宝仙. 英语课程开发：原理与实践 [M]. 上海：上海教育出版社，2015.

[9] 刘春燕. 英语产出能力与课程优化设计研究 [M]. 北京：科学出版社，2016.

[10] 戴小春. 英语专业课程结构优化论 [M]. 北京：北京理工大学出版社，2011.

[11] 尚瑞林. 新课程标准下的小学英语课程资源开发 [D]. 呼和浩特：内蒙古师范大学，2019.

[12] 常德萍. 高中校本课程英语演讲赏析的调查研究 [D]. 济南：山东师范大学，2019.

[13] 宁静. 英语新课程改革背景下初中生跨文化交际能力的调查研究 [D]. 淮北：淮北师范大学，2018.

[14] 侯琨. 基于学习动机理论的英语校本教材开发研究 [D]. 上海：上海师范大学，2017.